세상에서 가장
쓸모 있는 심리학

쓸모 있는
공부 02

★★★ 세상에서 가장 ★★★

쓸모 있는

강현식 글 | 이혜원 그림

풀빛

심리학

내 마음이 왜 이런지
명쾌하게 이해하는 심리 수업

내 마음이 왜 이럴까
궁금하다면

여러분 안녕? 나는 대학과 대학원에서 심리학을 공부했어. 지금
은 심리학 칼럼니스트로 활동하면서 여러 매체에 글을 쓰거나,
책을 써. 그리고 심리 상담 센터에서 상담도 하며 사람들을 이해
하고 그 마음에 공감하면서, 그들의 삶이 제대로 굴러갈 수 있도
록 다양한 방법으로 마음의 문제를 해결하는 일을 하고 있어. 내
가 이런 일을 한다고 말하면 사람들은 이렇게 묻지.

"심리학자라면 타인의 마음을 읽을 수 있나요?"

결론부터 말하자면 "아니요"야. 왜냐하면 심리학은 마음을
읽는 독심술이 아니거든. 심리학은 인간의 마음과 행동에 과학적
으로 접근하는 학문이야. 사람의 마음을 설명하는 가설을 세우

고, 객관적인 자료와 통계를 사용해 가설을 채택할지 말지 결정하는 학문이지. 따라서 심리학을 제대로 공부한 사람은 섣부르게 타인의 마음이 어떻다고 판단하지 않아. 상대방과 깊은 대화를 나누고, 또 그 사람이 솔직하게 응답한 심리검사 결과를 확인하고, 행동을 관찰해서 조심스럽게 그 사람의 마음에 대해 이야기할 수는 있지. 물론 이렇게 내린 결론은 바꿀 수 없는 진리가 아니라, 새로운 증거 앞에서 얼마든지 수정이 가능한 가설로 설정해.

어때? 심리학을 공부한다고 해서 기대했는데 사람들의 마음을 꿰뚫어 볼 수 없다니 좀 실망했니? 그럴 수 있어. 나도 심리학을 공부하기 전에는 이런 기대를 했으니까. 하지만 이것이 전부가 아니니 아직 실망은 하지 마. 무슨 말이냐 하면, 심리학을 공부하면 사람의 마음을 어느 정도는 예측할 수 있다는 거야. 그것도 비교적 정확하게.

심리학이 탄생하고 100년이 넘는 시간 동안 심리학자들은 가설을 세우고 검증하는 방식을 반복하면서 이론을 만들어 왔어. 다시 말해 사람들의 마음과 행동의 작동 방식에 대해 체계적인 설명을 하게 된 거야. 그래서 심리학 이론을 배우면 타인의 마음을 읽는다거나 꿰뚫어 볼 수 있다고 말할 수는 없지만, 마음과 행동을 비교적 정확하게 이해할 수는 있어. 매우 쓸모 있는 학문이지?

그런데 문제는 심리학에 너무나 다양한 이론이 있다는 거야. 지금까지 증명된 이론도 매우 많고, 지금 이 순간에도 전 세계 심리학자들이 계속 새로운 이론을 만들고 있지. 어떤 사람들은 사람의 마음과 행동이 단순하다고만 알고 있어서 관련 이론이 많

세상에서 가장 쓸모 있는 심리학

지 않을 거라고 생각하는데, 이것은 사람의 마음과 행동을 잘 모르기 때문에 생긴 오해야. 심리학의 연구 대상인 사람의 마음과 행동은 다른 학문들이 연구하는 그 어떤 대상보다 변수가 많아. 또 실험실에서 직접 실험하는 것이 어렵기도 하고. 때문에 정말 다양한 이론이 존재해. 그래서 알면 알수록 재밌지.

　이 책에는 심리학에 관심을 갖는 청소년들이 알면 도움이 될 대표적인 이론들을 담았어. 그냥 이론만 설명하면 어려우니까 가상으로 또래 친구들의 고민 상담 사례를 먼저 소개했지. 그리고 그 사례를 이론으로 해석했어. 심리학은 인간의 마음과 행동에 대한 학문이기 때문에, 우리의 일상에 적용할 수 있는 것이 많아. 너와 네 친구들의 마음과 행동을 이해하는 데 도움이 되면 좋겠어. 자, 그러면 이제 심리학의 대표적인 이론들을 하나씩 살펴볼까?

차례

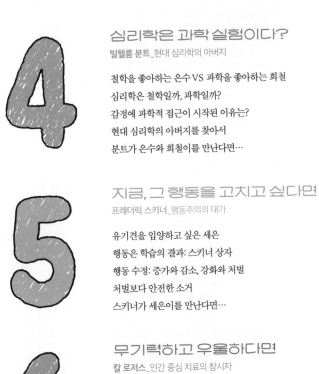

1

사랑받고
싶어 하는 나

지그문트 프로이트
정신분석의 창시자

아이돌을 꿈꾸다
프로아나가 된 세희

중학생 세희는 초등학교 저학년 때부터 아이돌이 되는 것이 꿈이었습니다. 친구들은 물론 부모님과 선생님들까지 세희가 춤을 잘 춘다고 칭찬해 주었거든요. 그런데 초등학교 졸업을 앞둔 어느 날, 세희는 학교 화장실에서 우연히 친구들이 하는 뒷담화를 들었습니다. 세희가 춤은 잘 추지만, 뚱뚱하니 절대로 아이돌이 되지는 못할 것이라는 이야기였죠. 충격을 받은 세희는 그때부터 거울을 볼 때마다 자신의 몸이 너무 뚱뚱해 보였어요. TV에서 노래하고 춤추는 여자 아이돌과 비교하자니 한숨이 절로 나왔지요. 그래서 무리한 다이어트를 시작했습니다. 가능한 한 음식을 먹지 않으려 했죠. 참고 참다가 너무 배가 고파서 음식을 먹은 날엔, 죄책감이 들어 토했습니다. 그러다 또다시 참지 못해 폭식하고 토하기를 반복했지요.

그러던 어느 날, SNS에서 자신과 비슷한 처지의 친구들을 만나면서 세희는 본격적으로 프로아나(뼈만 남기고 마른 몸이 되고 싶은 사람들,

뼈말라족)의 길을 걷게 되었습니다. 서로에게 자신의 마른 몸을 사진 찍어 보여 주면서 누가 더 말랐는지를 평가했지요. 남들보다 더 말라야 한다는 생각에 세희는 음식에 대한 갈망을 더 강하게 통제했습니다. 부모님과 친구들, 심지어 선생님들까지 너무 말라 가는 세희를 보며 걱정했지만, 세희는 점점 말라 가는 몸이 마음에 들었거든요. 거울 앞에서 자신의 마른 몸을 볼 때마다 너무 기분이 좋아서 스스로에게 말했습니다.

"잘하고 있어. 세희야, 넌 성공할 거야. 많은 사람이 너를 사랑해 줄 거야."

그런데 어찌 된 일인지 몸이 말라 갈수록 폭식 충동은 더 강해졌고, 더 빈번해졌습니다. 결국 폭식하는 빈도가 늘어났죠. 폭식 후에는 구토도 해 보고 관장약이나 이뇨제를 사용하기도 했어요. 후회가 밀려와 미친 듯이 운동하면서 체중을 관리하려고 했지만, SNS에서 만난 다른 뼈말라족들보다 살이 찌기 시작하자 세희는 불안해졌습니다. 부모님과 주변 사람들은 정상 체중으로 돌아오는 세희의 모습을 좋아했지만, 세희에게는 자기를 뚱뚱하다고 비웃는 것처럼 느껴졌습니다.

점점 세희는 방에서 나가지 않게 됐습니다. 문을 걸어 잠그고 등교까지 거부했지요. 한밤중이 되어 모두가 잠에 들면, 세희는 폭식 충동을 이기지 못해 냉장고를 열어 음식을 꺼내 미친 듯이 먹었고, 죄책감에 토하기를 반복했죠. 얼굴은 점차 생기를 잃어 갔고, 미친 듯이 먹고 토하는 자신의 모습이 너무 혐오스럽기까지 했습니다. 그러다가 SNS에서 뼈말라족 친구가 올린 "자해했더니 마음이 시원하다"는 글을 보고는, 따라서 책상 위의 커터 칼로 손목을 그었습니다. 칼날이 피부를 파고들 땐 따끔하고 아팠지만, 잠시 후 피가 흐르는 팔뚝을 보니 죄책감과 불안감이 씻겨 내려가는 느낌이 들었습니다. 이때부터 세희는 폭식을 자제할 수 없을 때면 자해를 했지요. 그리고 스스로에게 저주하는 말을 했습니다.

"너 같은 것은 죽어 버려. 왜 사니? 이제 모든 것은 끝났어."

무의식의 빙하 속에 담긴 마음

세희는 사랑받고 싶은 마음에 다이어트에 도전했고, 실패하자 자해를 하게 됐어. 정말 안타깝지? 세희에게는 지금 완전히 반대처럼 보이는 두 행동과 마음이 있어. 하나는, 아이돌이 되어 자신의 삶을 잘 살아 내어 성공하고 싶고, 사람들로부터 사랑받고 싶은 마음이야. 다른 하나는, 자해하며 자신의 삶을 파괴하고, 사람들로부터도 자신을 고립시키는 마음이지.

세희만 특별히 예민하거나 기질이 특이해서 그런 건 아니야. 많은 사람의 마음에는 합리적이고 논리적으로 이해할 수 있는 마음과 그렇지 못한 정반대의 감정과 욕구가 뒤섞여 있어. 선과 악, 사랑과 분노가 공존한다고 할 수 있지. 어떤 사람들은 세희처럼 일관되지 못하고, 이해하기 어려운 극단적인 행동을 하는 사람에게 "너는 의지가 약해"라며 비난하기도 해. 그런데 선생님이 상담하다 보면, 이렇게 행동하는 사람들도 스스로를 이해할 수 없어서 많이 괴로워해. 내 마음과 내 행동인데 스스로 통제할 수 없다는 사실에 힘들어하지. 마치 내 안에 또 다른 누군가가 있는 것 같다면서 말이야.

합리적이고 논리적으로 이해하기 어려운 이러한 마음은 도대체 왜 생기는 걸까? 그리고 이럴 때는 어떻게 대처해야 할까? 이러한 마음에 대한 고민은 오래전부터 있어 왔던, 역사가 깊은 고민이야.

오스트리아의 의사이자 정신분석의 창시자인 지그문트 프로이트(Sigmund Freud)는 19세기 후반에 의학으로 설명할 수 없는 다양한 증상을 호소하는 환자들을 만나면서 이 고민에 빠져들기 시작했어. 프로이트를 고민에 빠지게 한 환자들은 저마다 감각기관이 제 기능을 하지 않거나 몸의 일부가 마비되는 신체 증상을 호소했지. 예를 들어 눈이 안 보이거나 냄새를 못 맡거나, 팔이나 다리가 움직이지 않는 식으로 말이야.

당시의 의사들은 이런 증상을 호소하는 환자들을 무시했어. 증상만 보면 신경계에 문제가 있는 것처럼 보였지만, 각종 검사를 해도 신경계 이상은 아닌 것으로 나왔기에 꾀병이라고 단정 지었지. 환자가 호소하는 증상을 제외하면, 신체에서는 어떠한 이상도 발견되지 않았으니까.

하지만 프로이트는 조금 다르게 보았어. 이들의 증상을 단지 꾀병으로 여기기엔 고통을 호소하는 정도가 너무 심했거든. 그들이 만약 꾀병을 부리는 거라면, 당장 얻을 수 있는 이득이 있어야 하는 거잖아? 예를 들어 학교에 가기 싫을 때 배가 아프다며 등교를 거부하는 것처럼 말이야. 하지만 이들이 겪고 있는 상황은 증상으로 얻을 수 있는 이득보다 그로 인해 감당해야 하는 고통이 더 커 보였지.

꾀병이 아니라 다른 이유가 있을 거라고 판단한 프로이트는 결국 이들과 마주 앉아 그들의 이야기를 듣기 시작했어. 그러다가 놀라운 사실을 알게 되었지. 모두들 누군가로부터 사랑받고, 인정받고 싶은 욕구가 좌절되었다는 공통점을 가지고 있었던 거야. 어린 시절엔 부모로부터 좌절을 경험한 경우가 많았고, 성인이 된 이후에는 배우자나 연인으로부터 좌절을 경험했지. 그런데 정작 이 사람들은 자신들의 마음에 좌절된 욕구가 있다는 걸 알지 못했어. 심각한 신체 증상을 만들 정도로 큰 영향을 미쳤는데도 말이야.

프로이트가 살았던 시대는 인간의 이성과 합리성, 논리성에 대한 믿음이 최고조에 도달했던 때야. 프로이트는 환자들과 상담을 거듭하면서 이것이 철학자들 사이에서 언급되었던 무의식(unconsciousness)의 증거라고 확신했어. 그리고 이들 스스로도 알지 못했던 억압되고 좌절된 욕구를 알아차리게 해 주었지.

그러자 정말 놀라운 일이 벌어졌어. 환자들의 증상이 사라지거나 상당히 좋아지기 시작한 거야. 앞을 보지 못했던 사람이 보기 시작했고, 냄새를 맡지 못했던 사람이 냄새를 맡을 수 있게 되었어. 팔다리가 마비되어 움직이지 못했던 사람도 자유로이 움직이기 시작했고.

이러한 경험을 통해 프로이트는 인간의 마음에는 자신이 알고 있는 마음인 의식(consciousness)보다 무의식이 훨씬 더 큰 영역을 차지한다고 결론 내렸어. 그리고 마음을 바다에 떠다니는 빙산에 비유했지. 빙산은 그 무게 때문에 수면 위로 올라온 부분보다 수면 아래에 있는 부분이 훨씬 크거든. 만약 항해 중에 빙산을 만났을 때, 보기에 크지 않다고 빙산을 밀면서 직선 방향으로 항해하다가는 그 힘을 이기지 못해 배가 큰 피해를 입거나 침몰하게 돼. 1912년 영국 사우샘프턴을 출발해 미국 뉴욕을 향해 가던 타이타닉호가 대서양에서 침몰해 1,500명의 사망자를 냈던 것도 수면 아래의 빙산을 무시했기 때문이잖아. 우리 마음의 대

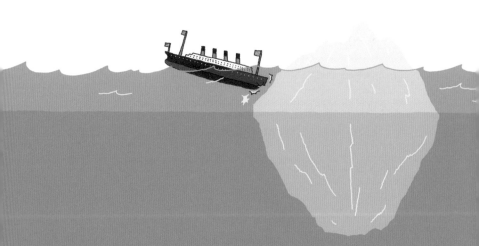

부분을 차지하는 무의식을 무시하고 살면, 타이타닉호처럼 우리의 삶도 침몰할 수 있어.

　프로이트는 무의식을 잘 들여다보고 의식의 영역으로 끌어올려야 한다고 주장해. 그러기 위해 우리의 마음을 분석해야 한다면서, 자신의 이론을 정신분석(psychoanalysis)이라고 명명했지.

영역으로 구분하고,
구조로 설명되는 마음

마음을 의식과 무의식이라는 영역으로 구분하고, 무의식에는 억압된 사랑의 욕구가 자리하고 있다는 것이 프로이트의 초창기 주장이었어. 프로이트는 자신의 이론에 근거해 마음이 아파서 신체 증상을 호소하는 환자들을 만나 치료했지. 그런데 더 다양한 증상을 호소하는 환자들을 만나게 되면서 자신의 이론이 충분하지 않다고 느끼게 돼. 본래 무의식은 쉽게 알 수 있는 마음이 아닌데, 어떤 환자들은 자신에게 억압된 사랑의 욕구가 있음을 스스로도 알고 있었기 때문이야.

　결국 프로이트는 의식과 무의식이라는 '영역'으로 구분했던 마음을 세 가지 '구조'로 나누어 설명하기 시작했어. 바로, 자아(나), 원초아(충동), 초자아(도덕)야.

자아란 '나'를 말해. 현실에서 어떤 선택을 하는 주체라고 할 수 있지. 반면, 원초아는 원시적이고 원초적인 충동을 의미해. 원하는 것을 무조건 하게끔 자아를 충동질하는 존재이지. 초자아는 도덕과 규칙, 사회적 규범이야. 제아무리 원초아가 강해서 자아를 충동질하더라도, 자아는 초자아의 감시 아래 있기 때문에 막무가내로 행동할 수 없어.

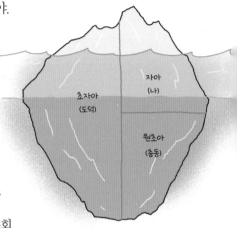

자아와 원초아, 초자아를 여러 가지로 비유할 수 있는데, 가장 쉽게 설명하는 방법은 운전이야. 어느 운전자가 성능 좋은 자동차에 타고 있다고 해 보자. 도로는 곧게 뻗어 있고, 엔진은 최신형이야. 가속페달을 밟기만 하면 빛의 속도로 도로를 달릴 수 있어. 그러나 도로 곳곳에 교통경찰이 과속 단속 중이라면 어떨까? 성능 좋은 자동차는 운전자에게 더 빠르게 달리기를 요구하지만, 운전자는 교통경찰의 단속에 걸릴까 봐 걱정이 될 거야. 결국

운전자는 두 힘 사이에서 균형을 잡으며 현실적인 선택을 하겠지. 교통경찰이 안 보이면 가속페달을 밟다가도, 교통경찰이 보이면 규정 속도로 달리는 식으로 말이야. 여기서 성능 좋은 자동차는 원초아, 운전자는 자아, 교통경찰은 초자아라고 할 수 있어.

이런 마음의 구조로 보면, 세희의 행동도 분석이 가능해. 세희는 뼈말라족이 되려고 극심한 다이어트를 했어. 배가 너무 고프지만 살이 찌면 안 된다는 생각에 아주 최소한의 음식만을 먹었지. 이때 먹고 싶은 충동은 원초아, 살이 찌면 안 된다는 생각은 초자아, 그래서 최소한의 음식만을 먹기로 선택하는 것은 자아야. 자아가 원초아의 충동을 억제할 정도로 초자아의 영향을 더 크게 받고 있기에 가능한 일이지.

그러나 우리의 뇌와 몸은 일정한 수준의 영양분을 섭취해야 해. 지속적으로 영양분을 공급하지 않으면 통제가 불가능할 정도로 폭식 충동이 발생하지. 그래서 세희도 갑자기 많은 음식을 한 번에 먹었던 거야. 배고픔을 채울 정도로만 먹은 것이 아니라, 3~4명이 먹을 정도로 많은 음식을 입에 꾸역꾸역 쑤셔 넣게 된 거지. 그러다가 미친 듯이 음식을 먹는 자기 모습이 혐오스럽고, 뚱뚱해질 것 같다는 생각이 들어서 무서워진 거야. 결국엔 죄책감과 자괴감에 구토까지 하게 된 거고.

폭식 충동을 이기지 못한 상태는 원초아가 자아를 일시적으로 압도한 상태라고 할 수 있어. 그래서 자아는 초자아를 신경 쓸 겨를도 없이 폭식하게 되지. 그러다 시간이 지나면서 자아가 초자아의 영향을 받게 되고, 자기 비난을 하게 되면서 스스로에게 혐오감을 느꼈던 거야.

상반되는 두 마음: 에로스와 타나토스

세희가 다이어트를 시작한 것은 사람들에게 사랑받고 싶고, 성공하고 싶은 욕구 때문이야. 프로이트는 이러한 삶의 본능을 인간에게 있는 가장 기본적이고 원초적인 욕구라고 주장하면서 에로스(eros)라고 명명했어. 학생이 열심히 공부하는 이유, 어른들이 돈을 버는 이유, 높은 지위에 오르려는 이유, 타인의 관심과 사랑을 받기 위해 예쁘고 멋있게 자신을 꾸미거나 성형수술하는 것도 모두 에로스 때문이라는 거지. 초창기의 프로이트는 인간의 모든 행동을 에로스로 설명할 수 있다고 생각했어. 언뜻 보면 사람들은 대부분 잘 살고, 성공하고, 행복한 삶을 위해서 살아가는 것처럼 보이니까.

그렇다면 세희가 자해하는 것도 이런 사랑의 욕구, 즉 에로스 때문일까? 만약 세희가 주변 사람들의 관심과 사랑을 얻어 내기 위해 자해하는 것이라면 에로스 때문이라고 할 수 있을지도 몰라. 하지만 세희는 자해의 흔적을 누구에게도 보여 주지 않으려고 했어. 방 안에서 스스로를 벌주고 자신에게 고통을 주는 것이 목적인 것처럼 자해를 했지. 이것은 에로스로는 설명되지 않는 행동이야.

프로이트도 많은 사람을 만나면서, 그리고 세상에서 벌어지는 사람들의 다양한 행동을 관찰하면서 에로스로 설명되지 않는 행동이 있음을 인정하게 되었어. 그중에서 프로이트에게 가장 충격을 주었던 사건은 1차 세계대전이었지.

1차 세계대전은 사라예보 사건으로 인해 오스트리아-헝가리 제국이 세르비아 왕국에 전쟁을 선포하여 1914년부터 1918년까지 전 세계적으로 전개된 전쟁이야. 이 전쟁에는 프로이트의 큰아들도 참전했는데, 다행히 살아 돌아오긴 했지만 부상을 당하고 적군에 사로잡혀 포로가 되기도 했대. 그러한 경험을 한 프로이트에게 전쟁은 너무나도 끔찍할 수밖에 없었어.

사랑했던 아들이 죽을 수도 있었던 전쟁, 오로지 서로가 서로를 죽이는 것만이 목적처럼 보이는 전쟁은 도저히 에로스로 설명할 수 없는 것이었지. 이에 프로이트는 우리 삶에 영향을 미치는 또 하나의 욕구를 가정할 수밖에 없었어. 바로 공격적인 본능들로 구성되는 죽음과 파괴, 공격성의 욕구야. 이것을 타나토스(thanatos)라고 해.

사람들은 사랑받으면서 잘 살아 보려는 욕구(삶의 욕구)인 에로스가 자신의 마음에 있다고는 쉽게 인정하지만, 죽음을 향해 내달리는 파괴와 공격성의 욕구(죽음의 욕구)인 타나토스는 인정하기 어려워해. 이것은 다분히 초자아의 영향일 수 있어. 우리의 초자아는 바람직한 것을 추구하도록 감시하고 있기 때문에, 사회적으로 금기시되는 죽음과 공격성, 파괴의 주제를 외면하라고 자아를 압박하니까. 그러나 초자아가 발달하지 않아서 원초아의 충동대로 행동하는 아이들을 보면 타나토스의 존재를 쉽게 확인할 수 있어.

예를 들어 볼게. 아이들은 장난감 블록으로 멋지게 성을 쌓거나, 모래사장에 앉아서 두꺼비집을 만들며 놀기를 좋아해.

누가 더 잘하나 친구와 경쟁이라도 하듯
이 더 멋있게 만들고, 더 높이 쌓으려
고 하지. 이는 에로스의 영향
이야. 그러나 그 놀이가 끝
나면 작품을 그냥 두고 자리
를 뜨기보다는 대부분 자신의
작품을 파괴하기 시작해.
부수고, 던지고, 짓밟지. 그
러면서 굉장히 즐거워해. 마치 또 다른 놀이처럼 신나하면서 말
이야. 어렸을 적을 떠올려 보면 누구나 한 번쯤 이러한 경험이 있
을 거야. 이것은 타나토스의 영향이지.

모든 인간은 태어났듯이 자연스럽게 죽어. 어떻게 보면 모든
인간은 삶을 향해 나아가는 것 같기도 하지만, 죽음을 향해 나아
가는 것 같기도 해. 프로이트는 우리 안에 있는 타나토스가 타인
을 향하면 살인이고, 자신을 향하면 자살이라고 말했어. 자해 역
시 마찬가지야. 스스로를 파괴하려는 욕구의 발현이지.

에로스와 타나토스의 욕구는 서로 충돌하고, 때로는 서로 조
화를 이루기도 해. 프로이트는 인간의 몸에는 삶과 죽음이 공존
한다고 설명했어.

프로이트가 세희를 만난다면…

프로이트는 무의식을 강조하지만, 우리의 삶이 무의식에 잠식당하지 않아야 한다고 주장해. 원초적인 충동이 있지만, 이것이 우리의 삶을 흔들지 못하도록 해야 한다고 강조하지. 한마디로 프로이트는 무의식을 의식의 영역으로 끌어올려 자아가 원초아를 지배할 수 있어야 한다고 말해.

만약 프로이트가 사람들에게 인정받고 싶어 하면서도 한편으론 스스로를 괴롭히고 자해하는 세희를 만난다면 무슨 말을 해 줄까? 아마도 프로이트는 세희가 자기 마음을 자유롭게 이야기할 수 있도록 잘 들어 줄 거야. 그리고 세희가 아이돌이 되고 싶었던 이유를 무의식에서 찾아내겠지. 실제로 세희는 어린 시절에 부모님으로부터 충분한 사랑을 받지 못했고, 친구들에게 따돌림 당한 경험이 있어. 세희는 이러한 괴로움의 경험이 너무 고통스러웠기에 무의식의 영역으로 오래전 기억을 밀어 넣고 잊었지만, 무의식은 세희로 하여금 모두에게 사랑받는 아이돌이라는 꿈을 갖게 했던 거야.

프로이트는 세희의 마음을 함께 살펴본 후에, 아이돌의 꿈을 내려놓고 다이어트를 포기하자고 설득할 거야. 왜냐하면 다이어트 때문에 폭식 충동이 너무 심해졌으니까. 세희는 다이어트를 하면서 폭식 충동을 없애길 바라겠지만, 사실 이것은 불가능해. 공부를 조금만 하고도 좋은 성적이 나오길 바라는 것처럼 말이야. 건강이 무너졌는데 아이돌이 되겠다고 하는 것도 실현 불가능한 욕구이지. 프로이트는 현실에서 충족시킬 수 없는 욕구를 포기하는 것이 성숙한 삶의 방식이라고 주장했어.

물론 아이돌이 되는 게 나쁘거나 피해야 할 꿈은 아니야. 하지만 이것이 현재 세희를 고통스럽게 만들기 때문에, 프로이트는 세희에게 아이돌이 되지 않아도 사랑의 욕구를 부모님이나 친구들과의 관계 속에서 건강하게 충족할 수 있다고 알려 줄 거야. 실현 불가능한 욕구를 포기하는 것이 처음엔 두렵고 어렵겠지만, 그러지 않으면 나쁜 상태는 더욱 심각해질 뿐이니까.

물론 모두에게 사랑받기를 포기하는 건, 결코 쉽지 않은 결단이야. 뛰어난 심리학자인 프로이트도 마찬가지였어. 하지만 프로이트는 비슷한 경험을 통해 더 많은 것을 이룰 수 있었기에 세희한테 조언해 줄 수 있는 거야. 그 이야기를 잠시 들려줄게.

프로이트가 활동하던 당시의 사람들은 이성적인 판단, 합리적인 사고만을 중요시했어. 그래서 프로이트의 새로운 정신분석 이론은 멸시받고 무시당했지. 하지만 프로이트는 의사들이 관심을 갖지 않았던 환자들에게 관심을 기울였고, 그들의 이야기를 잘 들어 주었어. 그리고 마침내 새로운 이론을 완성시킬 수 있었지. 하지만 그가 새로운 사실을 발견할 때마다, 프로이트를 욕하고 비난하는 사람들은 여전히 있었데. 프로이트 역시 미움받는 것이 힘들었을 거야. 모든 이들에게 인정받고 사랑받고 싶었을 테니까.

어느 시대나 다수와 다른 목소리를 내는 사람은 처음엔 대중의 미움과 질투를 받기 마련이야. 이때 둘 중에 하나를 선택해야 해. 미움받지 않기 위해 남들과 비슷한 길을 가든지, 미움을 받더라도 자신의 목소리를 내든지. 결국 프로이트는 후자를 선택했어. 그래서 자신의 주장을 지지하는 소수의 동료들과 함께 정신분석 이론을 확립할 수 있었지. 모두가 나를 좋아해 줄 거라는, 나의 이론을 인정해 줄 거라는, 모두에게 인정받을 거라는 실현 불가능한 욕구를 버렸기 때문에 가능했던 거야.

너는 마음속에 어떤 욕구를 가지고 있니? 혹시 그것이 실현 불가능한 욕구는 아니니? 가장 중요한 것은 '지금 나에게 닥친 현실의 삶'이야. 무의식에 지배당하지 않는 삶, 충동에 휘둘리지 않는 삶을 살기 위해서는 실현 불가능한 욕구부터 먼저 버리는 게 중요해. 그러려면 '모든 사람에게 사랑받고 싶어', '미움받고 싶지 않아', '항상 멋있어 보이고 싶어' 같은 실현 불가능한 바람은 잠시 내려놓는 게 필요해. 또한 내가 나를 사랑하는 마음의 힘을 키워야 하고, 지금 내가 할 수 있는 현실적인 선택을 하는 것이 무엇보다 중요하다는 사실을 잊지 않길 바라.

개념 이해하기

- **무의식** 의식적으로 인식할 수 없는 마음의 영역이며, 마음의 대부분을 차지하고 있음
- **자아** 원초아와 초자아 사이에서 균형 잡힌 선택을 하려고 하는 의식의 주체, 나
- **원초아** 원시적이고 원초적인 욕구 덩어리로 자아를 충동질함
- **초자아** 자아가 도덕과 양심, 규칙과 규범을 지키도록 자아를 감시함
- **에로스** 잘 살고 성공하고 행복하고자 하는 욕구
- **타나토스** 파괴하고 공격하고자 하는 욕구

2   내가 싫어하는
     너의 모습

카를 융
분석심리학의 창시자

이유 없이
친구를 싫어하는 진우

진우는 초등학생 때부터 교우관계가 좋기로 유명했습니다. 새 학년이 되면 소외되는 친구들에게 다가가 다른 친구들과 함께 어울릴 수 있도록 적극적으로 도와줬죠. 마치 한 사람도 소외되지 않는 학급을 만들겠다는 목표라도 있는 것처럼 모든 아이가 친하게 지내도록 적극 나서곤 했습니다. 이런 진우를 선생님과 친구들은 좋아했습니다.

그런데 고등학교 2학년이 된 진우에게 이상한 일이 일어났습니다. 우진이라는 친구에게 강한 거부감을 느낀 겁니다. 우진이는 진우가 챙겨 줘야 할 정도로 소외된 친구는 아니었습니다. 오히려 친구들과 잘 어울리면서, 때로는 잘난 척을 하곤 했지요. 자기보다 약하거나 착한 애들을 무시하는 발언을 가끔 했는데, 진우는 이런 우진이가 점점 싫어졌습니다. 두 사람이 직접 싸운 것도 아니고, 우진이가 진우 욕을 하고 다닌 것도 아니었는데 말이죠.

진우가 누군가를 싫어한다는 것은 본인은 물론 주변 친구들에게도 신기한 일이었습니다. 진우는 자신의 감정을 숨기려고 했지만, 표정이나 말투를 비롯해 사소한 행동에서도 우진이를 싫어하는 티가 났습니다. 그래서 한 달 정도 시간이 지나자 반 친구들 모두가 알게 되었죠. 진우에게 다른 친구가 물었습니다.

"진우야, 너는 너랑 이름도 비슷한 우진이를 왜 그렇게 싫어해? 우진이가 그렇게 나쁜 애는 아니잖아. 그리고 너는 모두가 싫어하는 애들한테도 먼저 다가가서 챙기면서, 우진이한테는 왜 그러는 거야?"

진우는 이런 이야기를 들을 때마다 몹시 불편했습니다. 왜냐하면 자기 자신도 우진이가 왜 싫은지를 잘 몰랐으니까요. 하지만 분명한 사실은 이런 이야기를 들을 때마다 우진이에 대한 싫은 감정이 점점 더 커졌다는 것입니다. 처음에는 우진이와 함께 놀거나 운동, 조별 활동하는 것만 싫어했는데 점점 심해져 우진이가 있는 쪽은 쳐다보지도 않게 되었습니다. 우진이가 쉬는 시간이나 점심시간에 다른 애들과 큰 소리로 떠들기라도 하면, 짜증을 내면서 교실 밖으로 나가 버렸습니다.

우진이도 진우가 자신을 싫어한다는 걸 모를 수 없었습니다. 처음엔 자신을 싫어할 이유가 없다는 생각에 그냥 시간이 흐르기만을 기다렸죠. 그러나 시간이 흐를수록 진우가 자신을 단지 싫어하는 정도가 아니라, 혐오한다고까지 느끼게 되자 더는 안 되겠다 싶어 진우에게 먼저 다가갔습니다.

"진우야, 얘기 좀 해. 내가 도대체 너한테 뭘 잘못했기에 나한테 이러는 거야? 이유라도 알려 줘."

진우는 우진이를 피하고 싶었지만, 이미 주변에는 두 사람의 이야기를 듣고 싶어 하는 친구들이 모여들고 있었습니다. 그래서 무슨 이야기라도 해야만 했죠.

"우진아, 나도 정확한 이유는 모르겠어. 그런데 분명한 건, 네가 싫어. 네가 무슨 짓을 해서가 아니야. 그냥 네 외모도 싫고, 네 목소리도 듣기 싫어. 정말 미안하지만, 너랑 지금 마주하면서 이런 이야기를 하는 것조차 끔찍해."

진우는 자리를 박차고 교실 밖으로 나가 버렸고, 우진이와 모여든 친구들은 모두 할 말을 잃었습니다.

진우에게 있는 마음: 집단무의식

진우처럼 누군가를 강렬하게 미워해 본 적이 있니? 나에게 아무런 나쁜 일도 하지 않은 사람을 말이야. 어쩌면 사소한 갈등이 있었을 수도 있지만, 그 갈등에 비해서 그 사람에 대한 미움과 분노가 너무 크게 느껴져서 스스로 놀랐던 적은 혹시 있어? 만약 그런 경험이 있다면 지금부터 우리가 나눌 이야기가 그 감정을 이해하는 데 큰 도움이 될 거야.

아무리 생각해 봐도 내가 엄청 화를 낸 그 사람에게 느끼는 부정적인 감정을 설명할 만한 충분한 이유가 없을 때, 혼란에 빠지게 돼. 만약에 주변 사람 모두가 그 사람을 싫어한다면, 그 감정을 당연하게 받아들일 수도 있을 거야. 하지만 사람들이 그를 특별히 싫어하지 않는다면 스스로가 이상하게 느껴지겠지.

이것을 어떻게 설명할 수 있을까? 카를 융(Carl Jung)은 이것을 집단무의식(collective unconsciousness)으로 설명해. 스위스의 의사이자 한때 프로이트의 총애를 받으면서 정신분석의 발전에 힘썼던 융은 의견 차이로 프로이트와 갈라서 분석심리학(analytic psychology)의 기초를 세웠어. 융은 마음을 설명하면서, 내 마음이지만 내가 알지 못하기에 '무의식'이라고 했고, 개인만이 아니라 사람이라면 누구나 가지는 의식이기에 '집단'이라는 말을 붙였지.

프로이트와 융의 관계에 대해 좀 더 이야기하자면, 융은 병원에서 정신적인 문제가 있던 환자들을 치료하면서 당시 무의식이라는 개념으로 이론을 펼치고 있던 프로이트의 주장에 상당 부분 동의했어. 그리고 프로이트의 개념을 이용해 논문도 발표했지. 이것이 계기가 되어 프로이트는 융을 오스트리아로 초대했고, 둘은 친분을 쌓았어. 두 사람의 나이 차이는 19살이어서, 프로이트는 융을 자신의 후계자이자 양자, 정신분석을 이어 나갈 황태자라고 말하고 다녔을 정도로 아꼈지.

그러나 주관이 뚜렷했던 융은 환자를 치료하면서 프로이트의 주장(에로스와 타나토스)으로는 설명되지 않는 현상이 있음을 관찰하였고, 프로이트와 다른 의견을 내비치곤 했어. 융은 프로이트가 자신의 의견을 받아들여 정신분석을 수정하길 바랐지만, 프로이트는 자신의 이론을 조금도 바꿀 마음이 없었지. 결국 융은 프로이트와의 결별을 선언하고, 자신만의 이론을 만들기 시작해. 그리고 자신의 이론을 분석심리학이라고 불렀지.

프로이트와 융은 한때 같은 길을 걸었던 사람들이기에 정신분석과 분석심리학은 비슷한 점이 있어. 바로, 인간의 마음을 설명할 때 무의식을 강조한다는 점이야. 무의식을 쉽게 설명하면, 나도 모르는 내 마음이야. 사람들은 스스로가 이성적이고 합리적이라고 생각하면서, 자신의 마음을 다 알고 있다고 생각해. 그러나 프로이트와 융은 우리의 마음이 의식보다는 무의식에 의해 더 많은 영향을 받는다고 주장하지.

두 사람은 모두 무의식이라는 개념을 마음에서 중요하게 생각했지만, 무의식에 대한 접근은 상당히 달랐어. 프로이트는 개인의 경험, 즉 억압된 욕구가 무의식의 시작이라고 주장했어. 물론 융도 개인의 경험으로 만들어진 무의식을 인정해. 하지만 이보다 더 강력하게 우리의 마음에 영향을 미치는 것이 집단무의식이라고 주장하지. 다시 말해 인류 전체의 경험으로 생겨나 인류가 공유하고 있는 집단의 무의식이 태어날 때부터 마음의 토대를 이루고 있다는 거야.

우리의 행동에 영향을 주는 집단무의식은 인류 역사를 통해 전달된 수없이 많은 원형으로 구성되었다고 해. 인류가 공유하는 무의식이 마음속에 있다고 하니, 이상하게 느껴지니? 융은 집단무의식의 근거로 여러 문화권의 신화와 민담, 전설이나 민화를 들어 설명해. 서로 교류한 적 없는 문화권에서도 공통적으로 나타나는 상징(symbol)이 있다는 거지. 예를 들어 신화와 민담, 전설이나 민화 속에 선과 악, 남성과 여성, 권력, 마법, 영웅 등의 주제가 반복해서 재현되는 게 대표적이야. 집단무의식을 가정하지 않고는 이런 현상이 설명되지 않는다는 거지.

숨겨진 진짜 나를 만나기
:페르소나, 그림자

집단무의식이 신화와 민담, 전설이나 민화에 남겨 놓은 것이 상징이라면, 우리의 마음에 남겨 놓은 것을 원형(archetype)이라고 해. 원형은 개인마다 다르지 않아. 물론 마음속의 원형이 주변의 상황이나 환경에 따라 현실에서는 조금씩 다르게 드러날 수 있지만, 근본적으로는 같아. 융이 말한 우리 마음의 원형에는 페르소나, 그림자, 아니마/아니무스, 자기가 있어. 하나씩 살펴볼게.

페르소나(persona)는 고대 그리스의 연극에서 배우들이 쓰던 가면을 의미해. 당시에는 분장술이 발달하지 않아서 배우들이 맡은 역할의 가면을 썼었지. 그리고 한 사람이 여러 역할을 맡는 경우도 있어서, 그때마다 가면을 바꿔 써야만 했어. 같은 배우더라도 주인의 가면을 쓰면 주인이 되고, 노예의 가면을 쓰면 노예가 되었지.

융은 우리 마음도 이처럼 각자의 삶에서 필요한 역할을 하기 위해 가면을 쓴다고 했어. 결혼해서 자녀를 낳아 부모가 되었다면 부모라는 가면, 학교에서 가르치는 사람은 교사라는 가면, 배우는 사람은 학생이라는 가면을 쓰는 거지. 사업하는 사람은 사장이라는 가면, 직장에 다니는 사람은 회사원이라는 가면을 쓰는 거야. 모든 직업이 곧 페르소나지.

직업뿐 아니라 관계에서 맡게 되는 특정 역할도 마찬가지야. 주도적 역할, 순응적 역할, 보조자 역할, 웃기는 역할, 문제를 제기하는 역할 등, 이 모두가 페르소나라고 할 수 있어. 페르소나는 자아가 외부와 관계를 맺을 때 집단 사회의 행동 규범 또는 역할을 수행하기 위해 쓰는 가면을 나타내거든.

그림자(shadow)는 무의식의 열등한 인격이며 자아의 어두운 면이야. 사람에게는 누구나 남에게 자랑하고 싶고 드러내고 싶은 모습이 있고, 창피해서 숨기고 싶은 어두운 모습이 있잖아. 그림자는 후자를 의미해. 사람들은 모두 밝고 아름다운 것을 추구하거든. 비유하자면 빛을 향한다고 할 수 있지. 그런데 빛을 향하면 내 뒤에는 나와 동일하게 생긴 그림자가 번져. 이것이 나의 어두운 모습이야.

　　나의 그림자는 무엇일까? 언뜻 생각

해도 잘 모르겠지? 맞아, 사람들은 자신의 좋은 모습

을 주로 생각하지, 나쁘고 어두운 모습은 생각하기 싫어해. 융은

자신의 그림자를 알 수 있는 방법으로, 이유 없이 싫은 마음이 강

하게 드는 동성을 찾으면 된다고 했어. 몇 번 보지도 않았고, 제대

로 된 대화도 안 해 봤으며, 그 사람에 대해서 아는 것이 별로 없

는데도 그냥 무조건 싫은 마음이 드는 동성이 혹시 있니? 싫어할

만한 이유가 있기는 하지만, 그 이유에 비해서 싫은 마음이 너무

강하게 든다면 그 사람의 모습이 바로 나의 그림자야.

　　융은 자신의 그림자가 동성에게 투사될 때 강렬한 분노를

카를 융 _ 분석심리학의 창시자

경험하게 된다고 했어. 혹시 눈치챘니? 맞아, 진우가 우진이를 싫어하는 건 우진이에게서 본 자신의 그림자 때문이야.

그림자는 동성의 부모와 자녀 사이의 갈등도 설명해 줘. 예를 들어 인간관계를 힘들어 하는 어머니는 자신의 딸이 친구 관계에서 힘들어 할 때 위로는커녕 분노와 비난을 쏟아내기도 하지. 스스로도 숨기고 싶고, 떠올리고 싶지도 않은 자신의 열등한 모습이 딸에게서 보이기 때문에 화를 주체할 수가 없는 거야.

숨겨진 진짜 나를 끌어안기
: 아니마/아니무스, 자기

융은 모든 사람이 자신의 생물학적 성과 반대되는 성의 특성을 내적 인격으로 지니게 된다고 했어. 즉 남성의 무의식에는 여성적 인격(anima, 아니마)이, 여성의 무의식에는 남성적 인격(animus, 아니무스)이 존재한다는 거지. 그런데 우리는 사회로부터 자신의 성별에 걸맞는 역할을 요구받아. 이런 역할을 수행하다 보면 자연스럽게 이성성을 억압하게 되지. 어떤 경우엔 억압될 뿐 아니라 그 이성성을 무시하고 멸시하는 지경까지 이르기도 해.

그림자를 알아차리는 것도 혼자만의 노력으로 안 되듯이, 아니마/아니무스를 알아차리는 것도 마찬가지야. 그림자가 동성에게 투사되는 거라면, 아니마와 아니무스는 이성에게 투사돼. 즉 아무런 이유 없이 너무 싫고 화나게 하는 이성을 찾으면 되지.

융은 아니마의 특성을 감정, 수용, 관계라고 했고 아니무스의 특성을 이성, 용기, 명예라고 했어. 보통의 경우 남성에게 있는

카를 융 _ 분석심리학의 창시자

억압된 여성성은 감정적인 모습이고, 여성에게 있는 억압된 남성성은 융통성 없이 권위만을 내세우는 모습일 때가 많아. 감정적인 여성을 무시하는 남성이나, 권위적인 남성을 혐오하는 여성 모두 자신의 억압된 이성성 때문이라고 할 수 있지.

자기(self)란 내 삶을 이끌어 가는 진짜 나를 말해. 융은 사람들이 인식하는 나를 자아(ego)라고 하면서, 자기와 구분했어. 자기는 내 마음에서 내 삶을 이끌어 가는 강력한 힘의 원천이야.

융은 인간의 삶은 자아가 자기를 찾아가는 여정, 즉 '자기실현의 이야기'라고 했어. 자기는 자아로 하여금 끊임없이 자기실현을 요청하고 있는데, 자아가 그 요청을 거절하면 우울과 불안, 그리고 마음의 다양한 어려움을 경험하게 된다고 보았지.

자기실현은 어떻게 할까?

프로이트에게 무의식이란, 의식에서 받아들일 수 없는 유아기적인 욕구와 해결되지 못한 갈등의 창고를 의미했어. 그래서 마음에서 무의식의 영역을 축소해 무의식이 삶을 지배하지 못하게 하자고 주장했지. 반면에, 융은 무의식을 의식에 활력을 주는 원천이자 마음을 성숙하게 하는 창조의 샘이라고 보았어. 그러면서 무의식의 요청, 즉 자기실현의 요청에 응답해야 한다고 했지. 자기실현이란 진짜 자기 자신이 누구인지를 찾아 떠나는 마음의 여행이니까! 그렇다면 자기실현을 어떻게 할 수 있을까? 앞에서 언급했던 마음의 원형이 주는 과제를 하나씩 풀어 가면 돼.

첫 번째 과정은 나(자신)와 역할(페르소나)을 구분하는 거야. 사람들은 나 자신과 페르소나를 구분하지 못하고 동일시하는데, 마치 가면이 얼굴에 붙어 버린 격이지. 우리는 어떤 역할을 부여받은 존재이기 이전에 고유한 개성을 가진 존재야. 융은 나와 페르소나를 구분하는 것이 자기실현의 시작이라고 했어.

그 다음엔 그림자를 만나 화해해야 해. 나의 열등한 모습을 무조건 없애려 하거나 외면하지 말고, 그것도 역시 내 모습임을 인정하는 거지. 그림자에서 벗어나려고 발버둥 쳐도 그림자는 내가 존재하는 한, 나를 따라다니게 되어 있어. 뗄 수 없으니 차라리 인정하고 끌어안아야 하겠지.

나의 그림자와 화해한 사람은 자신과 닮아 있는 사람을 보아도 화가 덜 나게 되어 있어. 그리고 상대를 더 이해할 수 있게 되지. 이처럼 자신의 어둡고 열등한 부분과 화해하는 것이 자기실현의 두 번째 과정이야.

카를 융 _ 분석심리학의 창시자

그림자와 화해했다면 이제는 아니마/아니무스와 마주할 차례야. 어떻게 마주해야 할까? 방법은 그림자를 대할 때와 다르지 않아. 자신의 억압된 이성성과 화해하는 거야. 내가 싫어하는 이성의 모습이 사실은 내 모습임을 받아들이는 거지. 그 보기 싫은 모습을 잘 살펴보고, 안아 주면 돼.

이처럼 내 역할(페르소나)과 나를 구분하고, 나의 어둡고 열등하고 숨기고 싶은 모습(그림자)도 나라는 사실을 인정하고, 자신의 생물학적 성 역할에 충실하느라 억압해 두었던 이성성(아니마/아니무스)과 화해하고 나면 비로소 마음의 가장 중심부에 있는 자기를 만나게 된다고 융은 말해.

융은 자신의 삶을 이렇게 표현했어. "나의 생애는 무의식의 자기실현에 관한 이야기다."

융이 진우를 만난다면…

프로이트는 정신분석을 통해 마음이 아픈 사람들을 치료하는 데 집중했어. 융도 처음엔 치료를 목적으로 연구하면서 이론을 만들었지만, 시간이 갈수록 자신의 이론이 아픈 마음을 치료하는 역할을 넘어선다는 걸 깨달았지. 사람이라면 누구나 내면의 소리에 귀 기울이고 응답해야 한다고 생각했거든.

심리 상담 센터에서 심리 치료를 받을 정도가 아니어도 사람이라면 누구나 마음이 불편할 때가 있어. 융은 이 불편함을 잘 들여다보라고 말해. 자기실현을 요구하는 요청일 수 있다면서 말이야.

진우가 우진이를 보고 불편함을 느끼는 것도 자기실현의 요청이지. 융이 진우를 만난다면, 그는 먼저 진우에게 묻겠지. "우진이가 왜 그렇게 싫고 미우니?" 하고 말이야.

진우 입장에서는 우진이와 직접 갈등한 적은 없으니, 그 이유를 우진이의 특성에서 찾겠지. 다른 친구들과 잘 어울리면서 때로는 잘난 척을 하는데, 특히 자기보다 약하거나 착한 애들을 무시하는 발언을 종종 하는 모습이 싫다고 말이야. 우진이는 겉으로는 친구들과 잘 지내는 것처럼 보이지만, 힘이 없는 친구들을 무시하기도 했으니까.

융은 진우에게 "이런 모습이 혹시 네가 숨기고 싶은 마음은 아니니?"라고 되물을 거야. 물론 진우는 그렇지 않다고 펄쩍 뛰겠지. 자신은 진심으로 친구들을 챙기고 있으며, 아무도 소외되지 않는 것을 원한다면서 우진이와는 차원이 다르다고 주장할

카를 융 _ 분석심리학의 창시자

거야.

이때 융은 제안을 하나 할 테지. 객관적으로 두 사람을 모두 알고 있는 친구들에게 물어보자고 말이야. 자신의 그림자를 받아들이기 어려워하는 건 진우만이 아니야. 누구나 그래. 아무리 생각해도 스스로 인정이 안 될 때는 제삼자에게 묻는 것도 하나의 방법이야.

진우도 용기를 낸다면, 친구에게 물어볼 수 있을 거야.

"너, 우진이 알지? 혹시 걔랑 나랑 비슷한 점이 있어?"

질문을 받은 친구들은 대부분 당연한 것을 왜 묻느냐는 표정으로 말할 거야. 둘 다 교우관계가 좋고, 또 약한 친구들에게 먼저 다가간다고 말이지. 친구의 대답을 들으면 진우는 멍할 거야. 그리고 소외된 친구를 볼 때마다 들었던 마음, '너는 내 도움이 필요한 사람, 난 너를 도와줄 수 있는 멋진 사람'이라는 마음이 들킨 것 같아서 얼굴이 화끈거릴 거고.

융은 당황해 하는 진우에게 말해 줄 거야. 우월감 자체는 나쁜 게 아니며, 순수한 마음으로 친구들에게 손을 내민다고 착각하는 것보다는 낫다고 말이지. 나 자신이 우월감을 느끼고 싶어서 친구들에게 다가간다는 점을 받아들이면, 상대가 호의를 거절해도 억울하거나 분하기보다는 상대의 마음을 존중할 수 있게 되니까. 그러면서 융은 이 경험을 시작으로 남에게 보이는 내 모습에 관심을 두기보다 내 마음 살피기에 집중해 보라고 격려해 줄 거야.

우리는 사회가 요구하는 모습에 맞추려고 과도하게 애쓰곤 해. 이렇게 살다 보면 진짜 자신의 모습대로 살아가지 못할 수 있어. 어느 정도 조율은 필요하지만 그것 때문에 나의 원래 모습을 잃어버려서는 안 돼. 다른 사람과 어울려 살아가면서도 나의 모습을 잃지 않는 삶, 그것이 바로 융이 말하는 자기실현의 삶이야.

개념 이해하기

- **집단무의식** 인류가 공유하는 공통의 무의식
- **페르소나** 개인이 갖는 직업이나 관계에서 맡는 역할을 뜻함
- **그림자** 자신의 열등한 모습으로, 동성에게 투사됨
- **아니마** 남성에게 있는 여성성, 억압되었을 경우 여성에게 투사됨
- **아니무스** 여성에게 있는 남성성, 억압되었을 경우 남성에게 투사됨
- **자기** 마음의 중심부에 존재하며, 자아에게 자기실현을 요구함

3   끊임없는 비교와
열등감에 힘들다면

알프레드 아들러
개인심리학의 창시자

잘하는 게 없다고
생각하는 서준

서준이는 키가 작습니다. 어린 시절부터 중학교 3학년인 지금까지 키순으로 반에서 1번을 놓치지 않았죠. 운동 신경도 뛰어나지 않습니다. 간혹 키가 작아도 운동을 잘하는 남학생들이 있지만, 서준이는 아니었습니다. 남학생들이 주로 하는 운동인 농구와 축구 모두에 특별한 재능이 없는 데다가, 키가 작다는 핸디캡까지 더해져 운동과는 거리를 두고 살았습니다.

공부를 잘하는 것도 아닙니다. 초등학교 5학년 때부터 급격히 어려워진 수학 때문에 수포자(수학 포기자)가 된 이후로, 다른 과목에도 흥미를 잃고 말았습니다. 급격히 떨어진 성적과 자신감 때문에 수업 시간마다 졸기에 바빴지요.

키, 운동, 공부 중에서 뭐 하나 잘난 것 없는 서준이에게 가장 큰 스트레스는 키입니다. 부족한 운동 능력은 함께 운동을 하지 않으면 모르고, 못하는 공부도 성적을 공개하지 않으면 다른 사람들이 알 수 없죠.

알프레드 아들러 _ 개인심리학의 창시자

그러나 키는 말하지 않아도 너무나 분명하게 보입니다.

특히 서준이는 가족끼리 다니는 것이 너무 싫습니다. 왜냐하면 아버지의 키가 180cm로 큰 편이었기 때문입니다. 아버지의 회사 동료들이나 친구들의 가족 동반 모임에 참여하면 어른들은 서준이에게 이런 이야기를 합니다.

"아버지가 커서 아들도 클 줄 알았는데 아니네. 서준이, 밥 많이 먹어야겠다."

"서준아, 위축되지 마. 네가 지금은 작지만 고등학생 되면 엄청 클 수 있어. 네 아버지도 고등학생 때부터 키가 많이 컸어. 자신감을 가져!"

어른들이 자신을 비웃는 것이 아님을 서준이도 알고 있습니다. 하지만 그들의 의도가 어떻든 서준이는 이런 이야기를 듣는 것이 괴롭습니다. 키가 작지 않았다면 이런 이야기를 듣지 않았을 테니까요.

키 때문에 고민이 많던 어느 날, 서준이는 인터넷 검색을 하다가 키 연장 수술이 있다는 것을 알게 됐습니다. 서준이는 한 줄기 희망을 본 것처럼 기쁨에 들떴습니다. 그래서 식탁에서 이야기하고 있는 부모님께 키 연장 수술을 시켜 달라고 졸랐습니다.

아들의 이야기를 듣던 부모님은 난색을 표했습니다. 키 연장 수술이 뼈를 자르고 그 사이에 철심을 박는 방식이기에 부작용이 상당할 수 있다면서 말이죠. 또한 아직 성장판이 열려 있는 미성년자가 수술을 받는 경우는 거의 없다며 만류했죠. 그러자 서준이는 20살이 되자마자 수술을 시켜 준다고 약속하라며 졸랐습니다. 아버지는 속상한 마음에 서준이에게 화를 내면서 말했습니다.

"서준아, 너는 더 클 수 있어. 그리고 만약 네가 더 크지 않아도, 엄마 아빠에게 넌 소중한 아들이야!"

출중한 외모나 좋은 성적을 가져야만 부모님에게 사랑을 받을 수 있다고 생각하는 사람들이 들으면 너무 기분이 좋을 말이겠지만, 서준이에게는 아니었습니다. 오히려 부모님이 자신의 열등감에 공감하지 못하는 것 같아 너무 슬프고 화가 나서 이렇게 소리를 질렀습니다.

"키 작은 내가 너무 싫어. 다른 사람들도 날 속으로 비웃는다고! 엄마 아빠 말고는 아무도 키 작은 날 사랑하지 않아. 이런 느낌이 얼마나 날 힘들게 하는 줄 알아?"

알프레드 아들러 _ 개인심리학의 창시자

비교와 함께 찾아오는 열등감

열등감(feeling of inferiority)이란 말을 들어 본 적 있니? 다른 사람에 비해 내가 좀 뒤떨어진다고 생각하거나, 능력이 없다고 여기는 감정과 의식을 뜻해. 무인도에서 혼자 살아가는 게 아니라면 열등감에서 자유롭기란 참 어려울 거야. 사람들은 누가 가르쳐 주지 않아도 자연스럽게 비교를 하지. 타인과 타인을 비교하기도 하고, 자신과 타인을 비교하기도 해.

특히 어릴 적부터 부모님이나 주변의 어른들로부터 비교를 당했다면, 어디를 가서 누구를 만나든 자동적으로 비교하는 생각에 빠져들게 돼. 누가 더 키가 큰지, 누가 더 예쁘고 날씬한지, 누가 더 남자답거나 여자다운지, 누가 더 공부를 잘하고, 누가 더 착하며, 누가 더 사랑스러운지, 누가 더 밥을 잘 먹고, 누가 더 집중을 잘하며, 누가 더 운동을 잘하고, 누가 더 씩씩하며, 누가 더 성실한지 말이야. 어디 이뿐인가? 비교의 기준은 끝없이 나열할 수 있을 정도로 많아.

비교를 시작하면 마음이 굉장히 힘들어져. 왜냐하면 모든 기준에서 누구보다도 뛰어난 완벽한 사람은 없거든. 대부분의 것을 잘 해내는 능력 있는 사람도 어떠한 부분에서는 뛰어나지 못한 부분이 분명 있어. 하지만 사람들은 자신의 잘난 모습보다 못난 모습에 더 집중하는 경향이 있지. 그리고 다른 사람보다 잘하는 게 있더라도 마음이 편하지 않아. 새로운 누군가가 나타나면 자신이 열등한 위치로 떨어질 수 있으니까 불안한 거야. 결국 비교로 시작해 열등감으로 끝나게 되지.

나에겐 어떤 열등감이 있는지 생각해 본 적 있니? 우리나라 사람들은 타인의 시선을 중요하게 생각하는 경향이 커서 겉으로 드러나는 외모에 대한 열등감이 좀 많은 편이야. 대표적인 경우가 서준이처럼 키가 작은 경우지.

또 어떤 친구들은 못생긴 얼굴에 대한 열등감이 있고, 뚱뚱한 몸매에 대한 열등감도 상당해. 뿐만 아니라 나보다 더 인기가 많은 친구에게 열등감을 느끼기도 하는데, 최근엔 SNS 활동이 많아지면서 온라인에서도 타인과의 비교를 통해 열등감을 느끼는 사람이 많아.

열등감과 관련해 심리학 이론을 펼친 심리학자가 있어. 오스트리아의 의사이자 한때 프로이트를 도와서 정신분석의 발전에 힘썼던 알프레드 아들러(Alfred Adler)야. 카를 융만큼은 아니지만 아들러 역시 프로이트가 총애한 사람이지. 하지만 아들러는 프로이트가 인간의 심리를 해석할 때 지나치게 성 혹은 공격성

알프레드 아들러 _ 개인심리학의 창시자

과 관련된 무의식에만 집중한다고 생각했어. 사람들이 어떤 말이나 행동을 하든, 프로이트의 결론은 늘 동일했거든. 무의식에 억압된 성욕과 공격성 때문에 그렇다는 식으로 말이야.

만약 프로이트가 서준이를 정신분석한다면 뭐라고 했을까? 아마도 서준이가 키가 작아서 열등감을 느끼고 이것 때문에 힘들다고 말해도, 프로이트는 키나 열등감에 주목하지 않고 무의식에 억압된 성욕에서 원인을 찾으려고 할 거야. 어쩌면 오이디푸스 콤플렉스를 예로 들면서, 이성 부모(어머니)에 대한 사랑과 동성 부모(아버지)에 대한 적개심으로 해석할 수도 있을 거고. 어머니를 독차지하고 싶은데, 어머니는 키가 큰 아버지를 좋아하니 자신도 아버지처럼 키가 크고 싶은 마음이라고 해석할 테지.

이처럼 프로이트는 사람들의 입에서 나오는 말을 무시하는 경향이 좀 있었어. 어떤 문제든 무의식을 가정했기 때문이야. 프로이트는 사람들이 자신의 마음을 모르기 때문에, 그들이 하는 말 자체에 집중하기보다는 말 속에 숨겨진 무의식을 찾는 것이 중요하다고 생각했거든. 하지만 아들러는 사람들이 자신의 마음을 있는 그대로 말할 수 있다고 보았어. 그래서 인간의 심리는 무의식이나 성과 공격성을 넘어서는 그 이상의 것이라면서, 프로이트와 결별하고 개인심리학(individual psychology)이라는 학파를 창시했지.

아들러는 개인심리학이라는 자신의 이론에서 다양한 주장을 펼쳤어. 출생 순서에 따른 성격 차이, 열등감과 우월성의 추구, 허구적 목적론, 생활양식 등의 개념이지. 그 중에서 가장 잘 알려진 개념은 열등감이야. 아들러의 주장에 따르면 우리가 평생 살아가면서 느끼게 되는 많은 동기나 욕구의 밑바닥에는 열등감을 극복하고 보상하려는 경향이 있다고 해. 살아가는 동안 자신이 부족하다고 느끼는 부분을 보충하고, 그것을 뛰어넘어 완벽함을 추구해 나간다고 보았지. 그리고 아들러는 부족함 자체가 중요한 것이 아니라, 불가피한 결점들을 어떻게 받아들이고 대응해 나가느냐가 중요하다고 보았어. 용기 있게 부족함을 받아들이고 앞으로 나아간 사람은 부족함 때문에 더욱 큰 발전을 이루어 낸다고 생각했거든.

아들러의 세 가지 열등감

열등감이라는 주제는 아들러 자신의 삶과도 밀접한 연관이 있어. 1870년 오스트리아에서 중류층 상인의 6남 2녀 중 둘째로 태어난 아들러는 어린 시절 매우 병약했대. 4살 때는 심한 폐렴에 걸려 죽을 뻔한 적도 있는데, 이때 왕진한 의사는 아들러가 살 가망이 없다고 말했을 정도였지.

여러 질병에 시달렸던 그였지만, 무엇보다 오랫동안 아들러를 힘들게 한 것은 구루병이었어. 구루병이란 성장판이 닫히기 전 뼈 발육에 문제가 생기는 질환으로, 제대로 된 치료를 받지 못하면 흉곽이나 다리에 변형이 생겨. 어떤 경우엔 척추에 변형이 생겨서 등이 휘어지기도 하지. 아들러는 구루병 치료를 받느라 평범한 어린 시절을 보내지 못했어. 형제들과 동네 친구들은 밖에서 신나게 뛰어노는데, 아들러는 늘 집안에서 창밖으로 그들을 보면서 부러워했지.

게다가 두 번이나 교통사고를 당해서 죽을 뻔하기도 했어. 동생이 병으로 죽어 가는 모습을 지켜보기도 했고. 이러한 경험들 때문에 아들러는 일찍부터 죽음의 공포에 시달렸고, 결국 사람을 살리는 의사가 되어야겠다고 결심했지.

의사가 되려면 공부를 잘해야 하잖아? 그런데 아들러는 그렇지 못했어. 몸이 약했기 때문에 학업에 집중하기 어려웠지. 특히 그는 중학생 시절엔 수학 과목을 낙제한 적도 있는데, 담임교사는 아들러의 아버지를 불러서 자퇴를 권유했다고 해. 아들러가 학업에 재능이 보이지 않으니, 차라리 학교를 그만두고 구두 제조업자에게 보내서 기술을 연마하게 하는 것이 어떻겠냐고 말이야. 하지만 아들러의 아버지는 선생님의 제안을 무시하고, 아들을 믿어 주었다고 해.

아들러는 이런 부모님의 믿음에 보답하듯 더욱 공부에 매진했어. 그가 공부에 더욱 열심이었던 또 다른 이유는 병약한 신체라는 열등감 때문이었지. 신체 건강은 어쩔 수 없지만 공부는 노력하고 애쓰면 잘할 수 있다고 생각했거든. 정말 열심히 공부한 그는 성적을 올리기 시작하더니, 마침내 당시 최고로 손꼽히는 빈 의과대학에 입학했지.

그는 의과대학을 졸업한 후 한때 안과 의사로 활동했는데, 그때 시력이 안 좋은 사람들은 청력이 발달한다는 것을 알게 되었어. 이를 통해 아들러는 인간이 자신의 열등한 부분을 보완하고 보상하기 위해 다른 능력을 더 발달시킬 수 있는 존재라는 걸 알게 되지.

아들러는 곧 이것이 신체에만 해당하는 것이 아니라, 마음에도 적용될 수 있음을 알게 되었어. 그래서 그는 관심 분야를 인간의 마음과 정신으로 바꾸었지. 그리고 자신의 삶 역시 열등감을 보상하기 위한 노력의 결과였음을 알게 되었고.

아들러에게는 크게 세 가지 열등감이 있었어. 첫 번째는 신체적인 거야. 앞서 언급했듯이 그는 그냥 잠깐 아픈 정도가 아니라 언제 죽어도 이상하지 않을 정도로 아팠어. 게다가 그는 신체적인 조건도 좋지 않았어. 작은 키, 튀어나온 배, 나쁜 시력 등, 누가 봐도 겉으로 매력적인 모습은 아니었지. 아들러는 이런 열등감을 보상하기 위해 공부에 매진할 수밖에 없었어.

두 번째 열등감은 심리적인 거야. 아들러는 둘째 아들이었는데, 그의 형은 여러모로 뛰어난 재능을 가진 사람이었고, 몸도 건강했어. 아들러는 어머니가 못난 자신보다 형을 더 좋아한다고 느껴서 열등감을 가졌지. 물론 병치레를 심하게 했기에, 이때마다 어머니로부터 사랑을 받는다고 느끼긴 했어. 하지만 동생이 태어나면서 어머니의 사랑이 동생에게로 향하자, 어린 동생에게도 질투심을 느꼈다고 해. 아들러는 어머니의 사랑을 받지 못한다는 열등감을 극복하기 위해 아버지에게 인정받으려고 노력했어. 어쩌면 그래서 아버지의 믿음에 보답하기 위해 더 열심히 공부했는지도 몰라.

세 번째 열등감은 사회적인 거야. 그는 유대인이었어. 당시 유대인들은 크게 두 부류로 나뉘었는데, 하나는 자신의 정체성을 마음에 간직하며 사는 사람들이고, 다른 하나는 정체성을 숨기고 사는 사람들이었지. 아들러는 후자였어. 당시 유럽에서는 유대인에 대한 편견이 상당했거든. 유대인들은 좋은 일자리를 갖기 어려웠어. 이 때문에 많은 유대인이 학업에 매진했는데, 아들러도 이런 경우라고 할 수 있지.

1차 세계대전이 끝난 후 아들러는 빈을 중심으로 아동 병원을 열었어. 그러나 히틀러의 유대인 탄압이 시작되면서 병원은 강제 폐쇄되었지. 아들러는 유대인의 활동을 보장해 주는 미국으로 건너가 자신의 이론으로 강연을 하였고, 이후에 미국 롱아일랜드 의과대학에서 교수직을 제안받게 돼. 이처럼 아들러는 자신의 열등감을 극복하기 위해 고군분투하는 삶을 살았던 사람이라고 할 수 있지.

열등감은 극복할 수 있을까?

열등감에는 재미있는 몇 가지 특징이 있어. 지금부터 살펴볼게.

열등감은 객관적인 원인이라기보다 주관적으로 느끼고 생각하는 거라서 인간 행동에 결정적인 영향을 미쳐. 그리고 자의식에 눈을 뜨는 청년기에 심각해져. 사회가 계층적이고 경쟁하는 모습일 때 더욱 크게 작용하지.

열등감은 어느 정도 경험하느
냐에 따라 긍정적인 효과를 가질 수
도 있어. 아들러는 "열등감은 연약
한 인간에게 자연이 준 축복"이라고
하면서 열등감이 인간의 잠재 능력을 발달시키는 자극제가 될
수 있다고 보았거든. 열등감을 느끼면 사람은 그것을 해소하고자
보상 행동을 하는데, 이것이 개인의 성장과 발전에 도움이 되기

도 하니까. 하지만 지나친 열등감은 사람을 위축시키고, 비행, 퇴행, 공격, 도피 등의 방어 행동을 일으켜. 불안심리를 동반한 이상 행동을 낳기도 하고 우울감을 느끼게도 하지.

그럼 열등감을 극복하려면 어떻게 해야 할까?

먼저, 누구에게나 열등감이 있다는 걸 인정해야 해. 사람이 모든 면에서 완벽할 수는 없으니까.

내가 보기에 완벽해 보이는 사람이 혹시 있니? 외모도 출중하고, 공부도 잘하고, 친구 관계도 좋고, 부모님도 자상하고, 몸도 건강하고, 성격도 좋고, 집안 배경도 좋아 보이는 친구가 있어? 그럼 그 친구는 앞으로의 삶에서도 전혀 실패나 좌절을 모르고 살아갈까?

그렇지 않아. 여러 조건 중에서 한두 가지는 남들보다 뛰어나고 좋을 수 있지만, 모든 면에서 완벽한 사람은 없어. 내 주변에 만약 그렇게 보이는 사람이 있다고 해도, 그 사람 역시 남에게 절대로 들키고 싶지 않은 열등감이 분명 있을 거야. 그가 AI가 아니라면 말이야.

누구에게나 열등감이 있다는 사실을 인정했다면, 그 다음엔 그것을 넘어설 수 있는 방법을 찾아야 해. 다시 말해, 어떤 영역에서든 남들보다 뛰어나도록 애쓰는 노력이 필요하다는 거야. 아들

알프레드 아들러 _ 개인심리학의 창시자

러는 인간에게는 기본적으로 우월성 추구(striving for superiority)의 욕구가 있다고 했어. 위인이나 성공한 사람들의 삶을 들여다보면, 열등감을 극복하기 위해 열심히 노력했다는 공통점을 찾을 수 있지.

어떤 사람은 고아였거나, 학대를 당했거나, 부모님의 이혼으로 가정이 깨졌거나, 학교에서 낙제를 당했거나, 친구들에게 따돌림과 폭행을 당했거나, 가난했거나, 인종 차별을 받아 좋은 기회를 얻지 못하는 불운을 겪었지만 좌절하거나 포기하지 않았어. 남들보다 뛰어나기 위해 열심히 노력했기에 성공한 거야.

그런데 우월성을 추구할 때 주의할 점이 있어. 남들보다 뛰어나려는 과정에서 꼭 필요한 마음 자세지. 아들러는 이를 사회적 관심(social interest)이라고 했어. 사회적 관심이란 타인에 대한 호의와 배려를 말해.

예를 들어 지독한 가난 때문에 사람들에게 무시를 당하면서 힘들었던 사람이 있다고 해 보자. 이 사람은 열등감을 극복하기 위해 돈을 열심히 벌겠지. 그런데 이런 사람들 중엔 돈을 많이 벌면 과거에 자신이 당했던 것처럼 똑같이 돈 없는 사람들을 무시하는 사람이 있어. 자신을 괴롭혔던 사람들을 찾아가 복수하기도 하고. 이렇게 하면 당장엔 속이 후련하겠지만, 이것은 열등감을 극복한 게 아니야. 오히려 열등감에 사로잡혀 살아가는 사람이 된 거지.

이러한 심리 상태를 아들러는 열등감 콤플렉스(inferiority complex)라고 불렀어. 이것은 무엇을 하든 열등감의 영향을 받는, 건강하지도 바람직하지도 못한 삶의 모습이야. 그런데 만약 성공한 이 사람이 과거의 자신처럼 경제적으로 어려움을 겪는 사람을 재기할 수 있도록 돕는다면 어떨까? 이것은 자신의 열등감을 건강하게 극복한 모습이야.

아들러는 열등감을 넘어서기 위해서는 타인에 대한 관심, 즉 사회적 관심이 필요하다고 했어. 다른 사람들과 함께 살아가는 세상을 만들려는 노력이 중요하다는 거야.

아들러가 서준이를 만난다면…

프로이트와 융이 성인을 대상으로 한 심리 치료에 힘썼던 것에 비해, 아들러는 아동과 청소년에게 상당한 관심이 있었어. 실제로 아동과 청소년을 대상으로 한 심리 치료도 진행했지. 부모나 학교 교사들이 아이들을 잘 지도할 수 있도록 자문을 해 주기도 했고.

아들러가 아동과 청소년에 관심을 가진 이유는 무엇일까? 이 시기가 아들러 자신에게도 가장 힘들었던 시기, 가장 도움이 필요했던 시기였기 때문이야. 실제로, 성인이 되어서 심리 상담 센터를 찾아오는 사람들의 대부분은 아동과 청소년 시기에 가정과 학교에서 받은 마음의 상처를 가지고 있어. 많은 심리학자가 상처받은 후에 치료하는 것보다 상처받기 전에 예방하는 것이 중요하다고 이야기하는데, 아들러 역시 이런 관점에 동의하지.

아들러가 서준이를 만난다면 작은 키와 운동 능력, 공부 때문에 속상한 마음을 이해해 주고 공감해 줄 거야. 이 세 가지는 아들러 자신에게도 힘든 부분이었으니까. 서준이는 자신과 같은 고민을 했던, 아니 어쩌면 자신보다 더 힘든 어린 시절을 보냈던 아들러의 공감과 위로에 큰 힘을 얻을 테지. 사람들은 자신과 같은 아픔을 겪은 이에게 마음을 더 잘 여니까. 그리고 서준이는 어떻게 그런 열등감을 극복했는지를 아들러에게 묻겠지.

아들러는 자신이 열등감을 극복하기 위해 공부에 매진했다고 알려 줄 거야. 하지만 서준이에게 공부만이 유일한 방법이라고는 말하지 않겠지. 아들러는 서준이가 잘할 수 있는 것을 함께 찾아보자고 할 거야. 그리고 어떤 것을 선택하든 중요한 건 타인에 대한 배려와 관심이라고 말해 줄 거고. 사회적 관심을 가지고 있지 못하면, 결국 열등감 콤플렉스에 빠지기 마련이니까. 자신의 열등감만 보지 말고, 타인에게도 관심을 가져 보면 누구나 열등감이 있다는 걸 알게 돼. 자신에 대해 100퍼센트 만족하는 사람은 아무도 없거든.

인생에는 아무리 노력해도 자신이 어찌해 볼 수 없는, 무력감을 안겨 주는 일이 많다는 걸 받아들이는 것도 중요해. 깊은 열등감을 던져 주는 일이 많다는 걸 수용하는 과정도 필요하지. 또한 열등감을 극복하기 위한 현실적인 목표를 잡아서 그에 맞춰 삶을 디자인해야 해.

아들러는 서준이에게 마지막으로 한 가지를 더 신신당부할 거야. 자신의 열등감을 극복해 결국 남보다 뛰어나게 되었을 때, 다른 사람을 무시하고 통제하면 안 된다고 말이지. 그리고 기회가 된다면, 열등감에 사로잡힌 사람들을 도와주라고 권할 거야. 이것이 열등감을 진정으로 극복하는 길이니까.

너의 마음속에 가득한 열등감은 무엇이니? 그것을 잘 들여다보길 바라. 열등감을 콤플렉스로 남기지 않고 진짜 극복하려면 사회적 관심을 가져야 한다는 것도 잊지 말고!

알프레드 아들러 _ 개인심리학의 창시자

개념 이해하기

- **열등감** 어떤 기준에서든 남들보다 못하거나 뒤처질 때 느끼게 되는 부정적인 감정
- **우월성의 추구** 남들보다 뛰어나고자 하는 마음으로, 삶의 원동력이 됨
- **열등감 콤플렉스** 열등감에 사로잡힌 마음으로, 아무리 성공을 해도 불안하고 불편함을 느끼게 됨
- **사회적 관심** 타인에 대한 배려와 호의로, 열등감을 건강하게 극복하는 열쇠

4

심리학은
과학 실험이다?

빌헬름 분트
현대 심리학의 아버지

철학을 좋아하는 은수
VS
과학을 좋아하는 희철

은수와 희철이는 같은 중학교를 다녔지만 같은 반이 된 적은 없습니다. 그럼에도 서로를 알았죠. 두 사람 모두 공부도 잘하고, 상식도 풍부하고, 말도 무척 재미있게 잘해서 친구들 사이에서 인기가 많았거든요. 친구들은 박학다식한 은수와 희철이를 자주 비교하곤 했습니다. 두 사람이 친해지면 잘 어울리는 단짝이 될 거라고 말하는 친구들도 있었지만, 둘 다 똑똑하고 자기주장이 강해서 친구가 되면 엄청 많이 싸울 거라고 말하는 친구들도 있었습니다.

중학교 졸업 후 두 사람은 같은 고등학교에 배정받았고, 1학년 때 같은 반이 되었습니다. 친구들은 두 사람이 결국엔 만났다면서 과연 관계가 어떻게 될지 기대된다고들 말했죠. 아니나 다를까, 두 사람은 학기 초부터 격돌했습니다. 두 사람 다 임원 선거에 출마한 것이죠. 득표순으로 회장과 부회장을 선출했는데, 은수가 1표를 더 얻어 회장이 되었고 희철이는 부회장이 되었습니다. 희철이는 결과에 깨끗이 승복한다면서도 억울한 표정을 감추지 못했습니다. 이렇게 시작된 두 사람의 라이벌 구도는 팽팽하게 계속됐고, 미묘한 신경전이 이어졌습니다.

그러던 어느 날, 과학 시간에 선생님이 질문을 했습니다. "과학과 철학의 차이가 무엇인지 아니?" 학생들 모두 대답을 못 하고 서로의 눈치만 보자, 선생님은 다음 수업까지 자신의 의견을 정리해 오라고 숙제를 내주셨습니다.

수업이 끝난 직후 쉬는 시간에 한 친구가 과학을 좋아하는 희철이에게 다가와 선생님이 던진 질문의 답이 뭐냐고 물었습니다. 희철이는 자신만만하게 대답했습니다.

"철학과 과학의 차이? 그건 간단해. 철학은 배고픈 학문이고, 과학은 부자 되는 학문이지! 하하하!"

희철이는 자신의 유머가 꽤 만족스러운 듯했습니다. 장난스러운 희철이의 답변에 친구들이 웃으면서 동의를 표했습니다. 그런데 갑자기 은수가 벌떡 일어나서 희철이의 자리로 오더니 화가 난 듯 따졌습니다.

"야, 너는 무슨 그런 무식한 말을 하나? 철학은 모든 학문의 시작이야. 고대 그리스 철학자들은 지금으로 따지면 과학자들이나 마찬가지라고. 수학 시간에 배웠던 피타고라스도 철학자였고, 의학의 아버지 히포크라테스도 철학자였어. 그리고 네가 나중에 대학을 졸업하고 대학원에서 박사 학위를 받으면, 자연과학 계열도 Ph.D.라는 학위를 받게 돼. 철학 박사(Doctor of Philosophy)란 뜻이지. 철학은 인간의 본질을 치열하게 고민하는 학문이야. 지금 당장엔 돈을 많이 못 벌지 몰라도, 철학은 인간을 인간답게 만드는 위대한 학문이라고!"

철학을 좋아하는 은수는 희철이의 말이 기분 나빴던 것입니다. 갑자기 교실에 큰소리가 나자 반 친구들이 하나둘 몰려들었습니다. 희철이는 무식하다는 은수의 말에 자존심이 상해서 그냥 물러날 수 없었습니다.

"야, 너는 웃자고 한 말에 뭘 그렇게 죽자고 달려드냐? 그래, 은수 네 말에 나도 동의해. 하지만 내가 말한 철학은 현대 철학이라고. 막말로 요즘 세상에 철학 전공해서 무슨 직업을 가질 수 있냐? 직업을 가지려면 실용적인 학문인 과학을 공부해야 하는 건 맞잖아! 무엇보다 과학은 객관성을 담보로 해. 그냥 말장난과 다름없는 현란한 언어 잔치인 철학과는 다르다고! 과학은 증명 가능한 이야기를 하잖아. 우리가 지금 누리는 온갖 문명의 혜택은 과학의 결과야. 당연히 과학이 더 위대하지 않아? 내 말이 틀렸어?"

은수가 희철이의 말에 반박하려는 순간, 수업 시작을 알리는 종이 울렸습니다. 그래서 은수는 분한 마음을 억누르고 자리로 돌아와야 했습니다. 감정이 상한 것은 희철이도 마찬가지였습니다.

심리학은 철학일까, 과학일까?

나는 심리학을 전공했고, 현재는 상담가로서 많은 내담자를 만나. 그리고 심리학을 정확하고 재미있게 전달하기 위해 강연도 하고 책도 출간하지. 가끔은 강연 현장에서 청소년들을 만나기도 하는데, 이런 질문을 하는 청소년들이 있어.

"선생님, 저는 대학에서 심리학을 공부하고 싶어요. 하지만 저희 부모님은 심리학이 철학이랑 비슷하기 때문에 졸업하고 나서 할 일이 없다고 걱정을 많이 하세요. 정말 심리학이랑 철학이 비슷한가요?"

요즘엔 다양한 매체를 통해 심리학 교수나 심리학 전문가가 활동하고 있어서, 그나마 예전보다는 심리학에 대한 오해와 편견이 줄었어. 그러나 여전히 많은 사람이 심리학을 과학보다는 철학에 가깝다고 생각하지. 질문한 학생의 부모님처럼 생각하시는 분이 많다는 거야. 그래서 심리학을 전공하려는 학생들에게 차라리 돈 되는 학문을 선택하라고 압박하시는 어른들도 꽤 많아.

그런데 흥미로운 사실은, 대학교 1학년 때 배우는 '심리학 개론' 수업 첫 시간부터 교수님들이 '심리학은 과학'이라고 주장한다는 점이야. 이것은 단순한 개인의 주장이 아니야. 심리학자들은 실제로 연구할 때 과학적 방법론을 사용해.

과학적 방법론이란 가설을 세우고, 자료를 모아서 통계적으로 검증하는 연구 방법이야. 뿐만 아니라 본격적으로 심리학을 전공하면, 자세하게 배울 거라고 생각했던 프로이트의 정신분석이나 융의 분석심리학, 이외에도 꿈 분석이나 최면 같은 내용은 과학적이지 않다는 이유로 잘 다루지 않아.

오히려 심리학과는 전혀 상관없을 거라고 생각했던 과목, 예를 들면 심리통계나 생리심리학(혹은 생물심리학) 같은 것들이 중요시되지. 심리통계에는 온갖 복잡한 수학 공식이 등장하고, 생리심리학에서는 신경세포인 뉴런부터 시작해 인간의 뇌에 대해서 자세히 공부해.

예전에는 고등학교 때부터 인문학이나 사회과학, 예체능을 전공할 학생들은 문과, 자연과학을 전공할 학생들은 이과로 구분했었거든. 이렇게 구분했을 때, 심리학과는 문과 학생들이 선택하는 전공이었어.

당연히 문과에는 수학이나 과학을 싫어하거나 잘 못하는 학생이 적지 않았는데, 대학에서 심리학 전공을 선택하니 통계와 생물학을 주요 과목으로 배워서 깜짝 놀라곤 했지.

심리학을 잘 모르는 사람들은 심리학을 철학이라 하고, 심리

빌헬름 분트 _ 현대 심리학의 아버지

학을 전공한 사람들은 심리학을 과학이라고 하는데, 도대체 무엇 때문에 이러한 이해의 차이와 혼란이 생긴 걸까? 그 이유는 심리학의 연구 주제가 사람의 마음이기 때문이야. 심리학은 한자로 心理學이야. 풀어 보자면 마음(心)의 이치(理)에 대한 학문(學)을 의미하지. 한자뿐 아니라 영어로도 마찬가지인데, 심리학을 뜻하는 psychology는 헬라어에 어원을 두고 있어. 마음, 정신, 영혼을 뜻하는 $\psi v \chi \eta$(프쉬케, psyche)와 학문을 의미하는 $\lambda \acute{o} \gamma \iota \alpha$(로기아, ology)의 합성어야.

원래 인간의 마음은 전통적으로 철학이나 종교인들의 영역이었어. 반면에 과학자들은 자연을 연구했지. 이 때문에 인간의 마음에 관심을 가지는 심리학을 여전히 철학으로 알고 있는 사람이 많은 거야.

물론 고대 그리스 철학자들은 인간의 마음뿐 아니라 자연 현상에도 관심을 가지고 있었어. 이후 시간이 흐름에 따라 학문의 영역이 세분화되었고, 급기야 르네상스 시대 즈음부터는 자연과학이 급격하게 발달하면서 철학의 영역에서 분리되기 시작했지. 그러나 철학에서 분리된 학문도 자신의 뿌리가 지혜를 사랑하는 철학임을 증명이나 하듯, 대학원에서 받는 박사 학위는 Ph.D.라고 수여돼.

감정에 과학적 접근이
시작된 이유는?

인간의 마음을 연구하는 심리학은 어떻게 철학에서 독립된 학문으로 발전한 걸까? 이 과정을 이해하려면 우선 철학의 한 분야인 인식론(認識論)이 무엇인지 알아보는 데서부터 이야기를 시작해야 해.

인식론이란 지식과 진리란 무엇이고 그것을 어떻게 얻는지에 대한, 즉 지식의 본질과 획득 과정에 대한 논의야. 인식론은 고대 그리스 철학에서도 중요한 주제였는데, 대표적으로 플라톤의 이데아(Idea) 사상을 꼽을 수 있지. 그러나 심리학이 철학에서 독립한 이유를 알려면 중세 이후로 넘어가야 돼.

중세를 지탱하던 교회 중심의 세계관은 14세기에 접어들면서 무너지기 시작했어. 종교인들은 교황의 권위에 도전하면서 성경을 신앙의 기준으로 삼자고 주장했고(종교개혁), 예술가들은 성경 이야기보다는 인간의 아름다움을 표현하기 시작했지(르네상스). 결정타는 자연과학에서 나왔어. 과학자들은 온갖 실험과 관찰을 통해 교황이 잘못 알려 주었거나 알 필요가 없다고 했던 자연과 우주에 대한 진리를 스스로 발견하기 시작했어. 가장 대표

빌헬름 분트 _ 현대 심리학의 아버지

적인 것이 천동설과 지동설 논쟁이지.

이러한 일련의 시도는 당시 사람들을 큰 충격에 빠뜨렸어. 대략 천 년 동안 의심하지 않고 믿었던 진리와 지식이 틀렸다니, 얼마나 혼란스러웠겠어? 이것은 마치 그동안 친부모라고 믿었던 사람들이 어느 날 "우리는 네 부모가 아니다"라고 말하는 것 이상으로 충격과 공포였을 거야.

사람은 자신이 그동안 믿고 있던 것이 거짓이었음을 알게 되면 자연스럽게 본질에 대해 의심하면서 질문을 던지게 돼. 친구에게 배반을 당했다면 우정이 무엇인지 질문을 던지고, 애인이 바람피웠다는 사실을 알고 나면 사랑이 무엇인지 질문을 던지지. 중세를 지나온 사람들도 마찬가지였어. 그동안 믿었던 지식과 진리에 속았던 사람들은 자연스럽게 "지식이란 무엇인가?", "무엇을 진리로 받아들여야 하는가?" 하는 질문을 던지기 시작했어. 다시 말해, 지식과 진리의 본질과 그것을 얻는 과정, 즉 인식론에 대한 치열한 고민 없이 교황의 말을 곧이곧대로 믿었기 때문에 이러한 문제가 생긴 것이니, 이제부터라도 질문을 던지고 고민해 보기로 한 것이지.

이러한 배경에서 인식론은 다시 중요한 철학적 주제가 되었어. 이것에 나름의 답을 내놓은 두 철학자가 있는데, 데카르트

(Rene Descartes)와 로크(John Locke)야. 데카르트는 지식을 얻는 데 있어서 경험보다는 이성과 합리적 판단, 수학적 사고력이 중요하다고 주장했어. 철학에서는 이것을 합리론이라고 해. 반면, 로크는 이성보다는 경험과 관찰, 객관적 증거가 중요하다고 주장했어. 철학에서는 이것을 경험론이라고 해. 합리론과 경험론의 논쟁은 끝없이 계속되었지.

심리학 책에서 철학 이야기를 이렇게 길게 하고 있다니! 왠지 머리가 아프고, 이해도 잘 안 되고, 마음에 와닿지도 않고, 흥미도 떨어지니? 이렇듯 지금도 '철학'이라고 하면 많은 사람이 손사래를 치는데, 당시에도 마찬가지였어. 중세 이후의 사람들은 철학자들의 끝나지 않는 사변적 논쟁(경험에 의하지 않고 순수한 이성에 의하여 인식하고 설명하는 것)에 지쳐서 등을 돌리기 시작했지. 그렇다고 해서 인식론에 대한 고민 자체를 거부할 수도 없는 노릇이라 참으로 막막했어.

바로 이때 자연과학자들 중의 일부가 논쟁이 아닌 관찰과 실험으로, 사변이 아닌 증거 중심으로 인식론에 접근하기 시작했어. 자연과학의 방법인 관찰과 실험, 연구를 통해 인간의 마음에서 발생하는 지식의 본질과 획득 과정을 연구하기 시작한 거야. 천동설과 지동설의 논쟁이 과학적인 방법으로 끝이 난 것처럼,

인식론의 논쟁도 과학으로 접근하면 해결될 수 있겠다고 본 거지. 이것이 바로 심리학의 시작이었어.

한마디로 요약하자면, 심리학은 철학적 내용(인식론)을 과학적인 방법(실험)으로 접근하려는 시도라고 할 수 있지. 이후 심리학자들은 자신들의 정체성을 강조하기 위해 내용(마음)보다는 방법(과학)을 강조했어. 내용을 강조하면 심리학은 철학의 아류가 되지만, 방법을 강조하면 새로운 학문이 되기 때문이야. 시간이 지날수록 이런 경향성은 점점 극대화되어서 이제는 과학이라는 방법론이 심리학의 잣대가 되었단다.

다시 말해 인간의 마음을 연구함에 있어서 과학적 방법론을 사용한다면 심리학으로 받아들이고, 그렇지 않다면 심리학이 아니라면서 거리를 두기 시작한 거지. 과학적 방법론을 사용하여 심리학으로 들어온 대표적인 분야가 바로 생리심리학이야. 인간의 마음은 결국 뇌의 작용이기 때문에, 뇌를 연구하는 분야가 심리학으로 들어오게 되었어. 그리고 과학적 방법론에서 중요한 것은 통계적 검증이기에, 통계를 중요하게 생각하게 되었지.

심리학과 철학은 정신세계를 다룬다는 면에서는 비슷할 수 있으나, 과학적인 접근을 하느냐 못 하느냐에 따라서 엄연히 구분된다고 할 수 있어. 이런 면에서 심리학은 '인간의 마음에 대한

과학'이라고 할 수 있지. 간혹 대학이나 대학원에서 심리학을 전공하려는 사람들이 입시를 앞두고 조언을 부탁할 때가 있거든. 면접 시 주의할 점이나 교수님에게 좋은 인상을 남기기 위한 팁을 알려 달라고 말이야. 나는 이렇게 대답해 주곤 하지.

"심리학을 어떤 학문이라고 생각하느냐는 질문을 받으면 주저 없이 이렇게 대답해. '심리학은 인간의 마음과 행동을 연구하는 과학입니다!' 심리학자들이 가장 좋아하고 선호하는 단어가 바로 과학이거든."

빌헬름 분트 _ 현대 심리학의 아버지

현대 심리학의 아버지를 찾아서

과학적 방법론을 사용하기 시작하면서 심리학은 철학에서부터 분리되어 하나의 독립된 학문으로 인정받기 시작했어. 이 기점을 기준으로 '현대 심리학'이라는 말을 사용하지. 그렇다면 현대 심리학의 아버지가 되는 사람은 누구일까? 지금은 누구라도 빌헬름 분트(Wilhelm Wundt)를 꼽지만, 사실 이것은 한때 단순한 문제가 아니었어.

1960년대 미국에서 심리학자들은 아버지 찾기에 혈안이 되어 있었지. 현대 심리학이 탄생한 지 얼추 100년 정도가 되어 가고 있는 것 같은데, 정확히 언제를 100주년으로 정하고 대대적인 기념행사를 해야 할지 의견이 모아지지 않았거든. 이는 곧 '심리학의 아버지가 누구인가?'에 대한 논쟁으로 이어졌지.

최종 후보는 두 명으로 압축되었어. 한 명은 구스타프 테오도어 페히너(Gustav Theodor Fechner)였고, 또 다른 한 명은 분트였지. 철학자였던 페히너는 1860년 심리학의 초기 실험 형태인 정신물리학(psychophysics)이라는 새로운 분야를 개척한 공을 인정받았고, 의사였던 분트는 1879년 라이프치히대학교에 심리학 실험실을 설립했기 때문에 거론됐어. 두 사람 모두 인간의 정신

과정에 대해 과학적으로 접근했던 사람들이지.

사실, 시기로 보나 연구 방법의 독창성으로 보나 페히너가 한 수 위였지만, 그는 자신의 연구 정체성을 철학에서 찾았어. 자신이 연구하는 이유가 물질을 정신보다 우위에 두는 철학인 유물론을 반박하기 위함이라면서, 목표를 철학에 두었거든. 반면에 분트는 자신의 저서 《생리심리학의 원리 Principles of Physiological Psychology》 서문에서 이렇게 선언했어. "여기, 내가 대중에게 공개하는 이 책은 과학에서 새로운 영역을 설정하고자 하는 시도이다."

이 선언 덕분에 현대 심리학의 아버지는 분트이며, 그가 심리학 실험실을 세웠던 1879년을 현대 심리학의 출생 연도라고 합의하게 되었지. 그래서 1979년, 미국을 중심으로 전 세계 심리학자들은 심리학 100주년을 기념하는 각종 행사 등을 열어 분트의 업적을 기렸어.

분트에 대해 좀 더 설명하면, 그는 1832년 독일에서 출생했어. 독일 튀빙겐대학교와 하이델베르크대학교를 거쳐서 의학 박사가 되었고, 6개월 동안 병원에서 환자들을 만났지만 이내 대학으로 돌아와 교편을 잡았지. 동물과 사람을 대상으로 여러 실험을 진행했는데, 그 결과를 모아 책으로 출간하기도 했어.

분트는 여러 학교에서 활동하다가 1875년 라이프치히대학교로 자리를 옮겼는데, 대학에 연구실 공간을 마련해 달라고 요청했지만, 자연이 아닌 마음을 연구하겠다는 그를 대학에서는 달갑게 여기지 않았대. 결국 분트는 1879년에 학생들의 저녁 식사를 위해 사용하던 작은 방을 확보해 심리학 실험실을 세웠어. 그리고 이 실험실에서 인간의 감각기관이나 지각 과정, 의식 등 마음을 다양한 방식으로 연구했지.

분트는 연구에 적합한 기구를 제작하려고 타키스토스코프, 크로노스코프, 진자, 전기 장치, 타이머, 감각 매핑 장치 등 많은 장비를 수집했어. 그의 연구에 참여한 학생들에게 기구를 배정하여 용도 개발 작업을 맡기기도 했대. 그의 실험실은 이후 11개의 방으로 확장되기까지 했다니, 얼마나 많은 학생이 분트에게 가르침을 받고자 했는지 예상이 되지?

하지만 이보다 놀라운 건, 분트는 자신의 연구실이 공식 심리학 실험실로서의 정당성을 가지고 있다고 주장했지만, 공식적으로 대학은 이 건물을 캠퍼스의 일부로 인정하지 않았다는 점이야. 지금이야 분트를 인정해 주지만 처음엔 그렇지 않았어. 전도유망한 의사가 의학이나 자연과학 연구에 힘쓰기보다 철학자의 관심 분야로만 여겨 온 인간의 마음을 연구한다 했을 때, 많은 사람이 의아하게 여겼거든.

분트가 은수와 희철이를 만난다면…

철학과 과학의 차이를 두고 벌어진 은수와 희철이의 갈등은 철 없는 고등학생들만의 단순한 말싸움이 아니야. 사람들은 어떤 분야에서든, 어떤 주제에 대해 자신의 의견을 주장하면서 치열하게 대립하지. 부부도 행복한 가정과 자녀의 미래를 두고 갈등하고, 회사에서는 더 많은 이윤을 얻기 위해서 각자의 의견을 내세워. 정치인들도 마찬가지야. 보다 나은 세상을 만들겠다면서 서로 다른 주장을 하니까.

학계는 오죽할까? 끊임없는 논쟁거리가 존재해. 심리학도 그랬고. 물론 현대 심리학은 과학적 방법을 인간의 마음에 적용하면서 시작되었지만, 과연 인간의 마음을 자연 현상처럼 과학으로만 이해할 수 있는지에 대해서는 여전히 의견이 서로 엇갈리고 있어. 가장 대표적인 것이 정신분석이지. 많은 사람이 인간의 무의식을 다루는 프로이트의 정신분석이 심리학에서 중요한 위치를 차지하고 있을 것이라고 생각하지만, 이는 오해야. 인간의 상처받은 마음을 이해하고 치료하는 상담심리에서는 중요할지 몰라도, 심리학 전반으로 보자면 그 권위가 우리의 생각과는 좀 달라. 정신분석을 심리학의 일부라고 인정하는 심리학자보다 과학적으로 접근이 불가능하니까 심리학에서 제외해야 한다고 주장하는 심리학자가 꽤 많거든. 실제로 심리학보다 정신분석을 더 많이 연구하는 학문은 철학과 예술 분야야. 이 두 분야는 과학적 접근과는 무관한 학문이기에 가능하지.

현대 심리학의 아버지라고 불리는 분트가 은수와 희철이를 만난다면 뭐라고 이야기할까? 분트는 두 친구를 모두 충분히 이해할 거야. 분트는 철학의 분야(인식론)에 과학적 방법을 적용한 사람이니까.

분트는 인간의 본질에 관심을 가지는 것이 중요하다고 주장하는 은수의 입장을 이해할 거야. 그리고 철학의 유일한 방법이었던 사변적 접근을 포기하고, 자신이 대학에서 훈련받았던 과학적 접근을 사용했던 그였기에 객관적인 증거와 실용성을 중시하는 희철이의 입장도 이해할 테지.

어떤 사람들은 분트가 과학적인 방법만을 사용했다고 생각하는데, 사실은 그렇지 않아. 그는 인생의 마지막 20년 동안엔 언어나 문화처럼 실험으로는 증명하기 어려운 주제들을 탐구했는데,

이 내용을 10권으로 구성된《민족심리학 Völkerpsychologie》이라는 책으로 펴내기도 했어.

무려 20년의 시간 동안 과학이 아닌 다른 방법으로 연구했다는 것은 그에게 과학만이 유일한 방법은 아니었음을 증명하는 것이기도 하지. 이런 면에서 분트는 은수와 희철이에게 "하나가 옳으면, 다른 것이 틀렸다는 생각을 버리는 것이 좋다"라고 조언해 줄 거야. 인간이 살아가는 이 세상에는 객관적으로 자료를 모아 증명이 가능한 영역만 있는 건 아니거든.

일례로 과학자들은 사후 세계를 연구하지 않아. 그 이유는 모든 과학자가 사후 세계를 부정해서가 아니라, 객관적인 증거를 수집해서 증명할 수 없기 때문이지. 이처럼 과학에는 분명한 한계가 있어. 또한 우리의 삶에는 예술도 중요하지만 예술을 반드시 과학적으로만 접근하지는 않잖아?

이처럼 과학은 전부가 아니지만, 그렇다고 불필요한 것도 아니야. 오히려 고대 그리스의 철학자들이나 불과 몇 세기 전의 철학자들은 직접 과학 실험도 했었어. 어쩌면 과학을 무시하는 건 철학을 제대로 연구하는 자세가 아닐지도 몰라. 과학은 삶을 살아가는 데 있어 정말 중요한 학문이기도 하니까.

분트는 은수와 희철이에게 결국 중요한 건, 서로에 대한 비난이 아니라 '보완'이라고 말해 줄 거야. 어느 것 하나로는 모든 것을 해낼 수도, 이해할 수도 없어. 철학이 위대하다, 과학이 위대하다 하며 서로를 비난하며 싸울 게 아니라, 인위적인 학문의 구분에 연연하지 말고, 서로가 다르다면 서로의 약점을 보완하는 방향으로 나아가면 돼. 무조건적인 반대보다는 상호 보완적인 협력이 더 힘이 세다는 걸 기억하자고!

개념 이해하기

- **인식론** 철학의 한 분야로, 지식의 본질과 획득 과정에 대한 논의
- **합리론** 진리를 추구함에 있어서 이성적 판단을 중시하는 입장
- **경험론** 진리를 추구함에 있어서 객관적 증거와 경험적 자료를 중시하는 입장
- **정신물리학** 인간의 정신세계와 물리적 현실 사이의 관계를 연구한 초기 심리학의 한 형태

5

지금, 그 행동을 고치고 싶다면

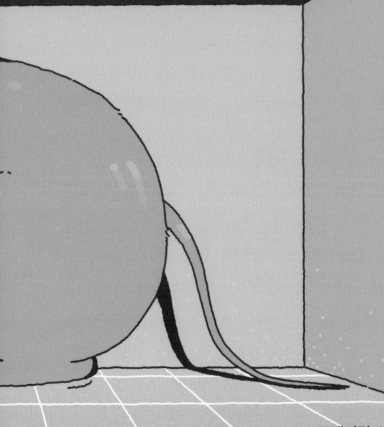

프레더릭 스키너
행동주의의 대가

유기견을 입양하고 싶은
세은

중학교 3학년인 세은이는 꿈을 이루었습니다. 세은이의 꿈은 반려견을 입양하는 것이었어요. 지난달 세은이는 자원봉사를 위해 친구가 종종 다니는 유기견 보호소를 따라갔습니다. 그곳에는 수십 마리의 유기견이 입양을 기다리고 있었죠.

사실, 세은이는 여태까지 반려동물을 키워 본 적이 없습니다. 초등학교 3학년 때 친구네 집에서 강아지와 놀고 와서는 한동안 부모님께 졸랐지만, "네가 동물을 꾸준하게 돌볼 수 있을 나이가 되기 전에는 안돼" 하고 반대하셨거든요. 세은이는 속상했지만, 언젠가 꼭 강아지를 키우겠다고 마음먹었습니다. 그러다가 이번에 유기견 보호소 자원봉사를 하면서 너무 귀여운 웰시코기를 만났지요. 반려견으로 인기가 많은 종이지만, 어리지 않고 피부병까지 있어서 입양이 잘 안 된다고 직원 분이 말해 주었습니다. 이런 상황이면 얼마 후엔 안락사가 결정될지도 모른다는 이야기를 듣고, 세은이는 직원에게 부탁했습니다.

프레더릭 스키너 _ 행동주의의 대가

"부모님께 허락받아서 몇 주 안으로 꼭 입양하러 올 테니까 그때까지 제발 기다려 주세요!"

직원은 기다릴 수 있는 기간이 최대 한 달이라고 말했습니다. 세은이는 집에 돌아가서 보호소에서 찍어 온 웰시코기의 사진을 부모님께 보여 주면서 조르고, 부탁하고, 애원했습니다. 이제는 직접 관리할 수 있는 나이가 되었으니 믿어 달라고 말이죠. 부모님은 고민 끝에 이렇게 말씀하셨습니다.

"좋아, 그러면 네가 입양하려는 개의 종 특성에 대해서, 그리고 반려견을 키우는 데 필요한 지식과 정보, 관리 계획, 훈련 방법 등을 미리 찾고 알아 봐. 그리고 알게 된 것을 하루에 1개씩 가족 단톡방에 올려. 한 달 안에 20개의 내용을 올리면 허락해 줄게. 충동적으로 키운다고 했다가 꾸준하게 관리하지 못하면 절대 안 돼. 엄마 아빠는 네가 정말 꾸준하게 책임질 수 있는지를 확인하려는 거야. 알았지?"

세은이는 너무 기뻤습니다. 매일 인터넷을 검색하면서 자료와 정보를 찾았어요. 가장 걱정되는 것은 훈련하는 방법이었습니다. 유기견의 경우 기존 주인에게서 어떤 행동을 학습했느냐에 따라, 재학습이 쉽지 않을 수 있다는 글을 읽었거든요. 세은이는 내용을 잘 정리해 두고 하나씩 단톡방에 정보를 올렸고, 마침내 20개가 되었습니다. 하루도 쉬지 않고 3주 안에 미션을 완수한 거였죠.

세은이는 부모님과 함께 웰시코기를 데려오기 위해 유기견 보호소로 갔습니다. 그리고 자신을 기다리고 있었다는 듯이 쳐다보는 웰시코기를 집으로 데려왔어요. 보호소에서 부르던 이름 '웰시'를 그대로 사용하기로 했습니다. 세은이는 웰시를 우선 동물병원에 데리고 다니면서 피부병을 치료해 주었습니다. 시간도, 돈도 꽤 들었지만 꾸준한 치료 덕에 피부병은 깨끗이 나았습니다.

그런데 문제는, 웰시의 행동이었습니다. 패드가 아닌 다른 곳에 변을 보거나 방문을 긁는 행동을 보였거든요. 그리고 부모님에게 사납게 굴었습니다. 부모님은 이런 웰시의 행동을 못마땅하게 여겼고, 세은이는 혹시나 부모님이 웰시를 다시 보호소에 보내자고 할까 봐 덜컥 겁이 났습니다.

프레더릭 스키너 _ 행동주의의 대가

행동은 학습의 결과: 스키너 상자

혹시 반려동물을 키워 본 적 있니? 아니면 주변에 반려동물을 키우는 사람이 있어? 통계에 따르면, 반려동물을 키우는 사람은 전국민의 4분의 1 정도야. 요즘은 공원이나 산책로에 반려견을 데리고 나오는 사람을 정말 많이 볼 수 있어. 함께 어울려 살아가다보니 반려동물과 관련된 법령도 만들어졌고, 반려동물을 키우는 사람들이 지켜야 하는 에티켓에 대한 안내문도 곳곳에서 확인할수 있지.

하지만 모든 사람이 법이나 규칙을 잘 지키는 건 아니야. 반려동물의 변을 치우지 않기도 하고, 밤새도록 짖어서 이웃 간에 얼굴을 붉히는 일도 생기지. 또한 동물을 무서워하는 사람들에게 반려동물이 갑자기 달려가서 놀라게 하는 일도 있고, 가끔은 대형견이 사람을 공격하는 사건도 벌어져. 반려동물 때문에 이웃과 친해지기도 하지만, 분쟁이 생기기도 하는 걸 보았을 거야.

어떤 사람들은 반려동물의 모든 행동을 본능으로만 이해해. 타고나는 습성과 성향 때문에 어쩔 수 없다는 식이지. 물론 종마다 유전자의 발현을 통해 드러내는 몇몇 특정 행동이 있지만, 그것을 제외한 대다수의 행동은 학습의 결과라고 볼 수 있어. 동물도 경험을 통해서 특정한 행동을 익히거든.

인간도 마찬가지야. 심리학 학파 중에 인간과 동물의 행동이 경험을 통해 학습될 수 있다고 여기고, 이것을 심리학의 주요 관점으로 삼아야 한다고 주장하는 학파가 있어. 미국의 심리학자 존 왓슨(John Watson)이 창시한 행동주의(behaviorism)라는 학파야. 왓슨은 이런 말도 했어.

"나에게 건강하고 좋은 습관이 있는 유아 12명과 내가 원하는 육아 환경을 주십시오. 그러면 어떤 아이든 그 아이의 재능, 취향, 성향, 적성, 부모의 인종이나 직업과 관계없이 의사, 변호사, 예술가, 기업가는 물론 거지나 도둑으로 만들어 보겠습니다."

어찌 보면 그의 주장은 매우 섬뜩하기도 해. 마치 사람의 인생을 좌지우지할 수 있다는 말처럼 들리니까. 그러나 행동주의의 관점에서는 상당히 설득력 있는 이야기야. 왜냐하면 앞서 언급했듯이 동물과 인간의 행동들 대부분이 학습의 결과이고, 어떤 학습을 했느냐에 따라 다르게 행동하니까.

그렇다면 학습은 구체적으로 어떤 과정을 통해 발생하는 걸까? 이를 구체적으로 제시한 사람은 미국의 심리학자 프레더릭 스키너(B. F. Skinner)야. 행동주의의 거장으로 추앙받는 스키너가 처음부터 심리학자의 길을 걸었던 건 아니었어. 원래는 대학에서 영문학을 전공하면서 작가가 되기를 희망했지. 하지만 대학 졸업 후 본격적으로 글을 쓰면서 작가로서 자질이 부족함을 인정하게 되었어. 그러다 우연히 행동주의와 관련된 글을 접하면서 심리학자가 되기로 결심했고, 하버드대학교 대학원에 진학했지.

안타깝게도 학교에서는 행동주의를 배울 수가 없었어. 당시 행동주의 노선을 따르는 심리학자는 소수였기에, 하버드대학교 대학원에는 행동주의를 가르칠 사람이 없었거든. 다행히 행동주의는 굉장히 논리적인 접근이고, 스키너는 어린 시절부터 논리적으로 사고하기를 즐기는 사람이었어. 그는 스스로 생각하고 고민하면서 행동주의 연구를 지속했지. 행동주의에 대한 그의 신념은 매우 확고했어. 박사 학위 논문 심사를 받을 때, 한 교수로부터 행동주의의 단점을 말해 보라는 질문을 받고서 그가 당당히 "단점이 없습니다"라고 말했다는 일화가 전해지지. 그는 마침내 행동주의의 거장이 되었어.

스키너는 작은 상자에 동물을 넣고 실험한 것으로 유명해. 쥐를 대상으로 한 실험이 가장 대표적인데, 상자 안에는 쥐가 누

를 수 있는 레버가 있고, 그 옆에는 사료 그릇이 있어. 사료 그릇
에는 상자 외부의 사료 통을 연결해서 레버를 조작하면 일정량
의 사료가 나오도록 설계했지. 쥐가 레버를 누를 때마다 사료가
나오도록 설계한 경우도 있고, 레버를 세 번 누를 때 사료가 나오
게 설계하기도 했어. 그래서 어떠한 경우에 레버를 누르는 행동
이 더 빠르게 학습되는지를 비교하기도 했지. 이러한 장치를 가
리켜서 스키너 상자(Skinner's box)라고 해.

스키너는 실험실에서 동물을 대상으로 연구만 했던 사람이
아니야. 행동의 학습 원리를 인간 세상에 응용하는 것에도 상당
한 관심이 있었지. 대표적인 것이 비둘기 프로젝트(Project
Pigeon)야. 비둘기를 훈련시켜서 미사일에 탑승시킨 후, 미사일
이 목표물로 향하도록 조종하는 거지. 마치 조종사가 목적지를
향해 비행기를 조종하는 것처럼 말이야.

2차 세계대전 당시만 해도 미사일을 목표물에 정확하게 조
준해 쏘기가 어려웠어. 지금 생각하면 황당한 이야기지만, 스키
너는 비둘기 훈련을 통해서 이런 일도 가능하다고 생각했지. 결
국 실전에 배치 가능할 정도의 성과를 얻었지만, 실전에 투입되
기 직전 국방부의 승인을 받지 못하고 무산되고 말았다고 해.

스키너는 학습을 촉진하는 교수 기계(teaching machine)도 만

들었어. 요즘 학생들이 노트북이나 태블릿에 설치해 사용하는 학습 프로그램의 원조라고 할 수 있지. 그는 자녀 양육에도 행동주의의 원리를 적용했는데, 딸을 위해 육아 상자를 만들었어. 상자 안에는 아이가 안전하게 지낼 수 있도록 담요와 놀잇감이 들어 있었지.

하지만 이 육아 상자 때문에 오랫동안 사람들로부터 오해를 받았어. 쥐를 박스에 넣고 실험하듯이 딸을 실험 대상으로 대했다고 말이야. 하지만 스키너는 육아에 지친 아내의 부담을 덜어 주고, 어린 딸의 안전과 건강을 위해서 만들었다고 말했어. 참고로, 당시 미국의 부모들은 종종 아기를 사방이 나무 살로 되어 있는 아기용 침대에 두었는데, 육아 상자란 이것을 획기적으로 개량한 거였지.

행동주의는 심리학에서 중요한 이론으로 자리를 잡았으며, 동물이나 사람들의 행동을 통제하거나 바람직한 행동을 유발하기 위해 사용되고 있어. 특히 아동들의 잘못된 행동을 변화시키기 위해 학교 현장이나 상담실, 정신건강의학과 병원에서 많이 활용되고 있지.

행동주의의 다양한 실험은 '후천적인 교육과 학습의 힘'을 강조하는데, 우리 사회 곳곳에도 행동주의 원리가 숨어 있어. 당연히 반려동물 훈련에도 사용되고 있지. 구체적으로 어떤 원리로 행동을 통제하거나 수정할 수 있을까? 지금부터 하나씩 살펴볼게.

행동 수정
: 증가와 감소, 강화와 처벌

세은이가 웰시를 입양해 키우면서 가장 먼저 경험한 문제는, 웰시가 패드가 아닌 다른 곳에 변을 볼 때가 많다는 거였어. 처음엔 가족 모두 웰시에게 말로 타일렀어. "여기에 변을 보면 안 돼! 패드에 변을 봐야지." 하지만 개는 인간의 말을 정확히 알아들을 수 없잖아. 웰시의 행동에 변화가 없자, 부모님은 웰시와 세은이에게 점점 짜증을 냈어. 그래서 세은이는 웰시를 입양하기 전에 알아 두었던 반려견 훈련법을 사용하기로 했지.

세은이가 사용한 방법을 행동 수정(behavior modification)이라고 해. 행동주의의 원리를 일상에 활용하는 대표적인 방법이지. 행동 수정은 동물에게만 사용하는 방법은 아니야. 인간에게 특정 행동을 학습시키거나 이미 학습된 행동을 교정할 때도 사용해. 행동 수정에서 꼭 알아야 하는 기본 개념은 두 가지야. 그것은 바로 강화(reinforcement)와 처벌(punishment)이지. 강화는 특정 행동의 빈도가 증가하는 것, 처벌은 이와 반대로 특정 행동의 빈도가 감소하는 것을 의미해.

웰시가 패드에 변을 보게 하려면 어떻게 해야 할까? 맞아, 잘못된 행동의 빈도를 감소시키고, 올바른 행동의 빈도를 증가시켜야 해. 즉, 패드가 아닌 곳에 변을 보는 행동의 빈도를 감소시키고, 패드에서 변을 보는 행동의 빈도를 증가시켜야 하는 거야. 그런데 웰시의 경우엔 패드가 아닌 곳에서 변을 보는 행동을 특정 행동이라고 할 수는 없어. 만약 웰시가 매번 거실 소파 위에서 변을 본다면 처벌 절차를 사용할 수 있겠지. 하지만 웰시는 소파 위, 식탁 아래, 화장실, 현관 등 다양한 곳에 무작위로 변을 보고 있었거든. 그러다 가끔 패드 위에 변을 보고. 이렇게 행동이 무작위일 경우엔 처벌을 사용할 수가 없어. 패드 위에 변을 보는 특정 행동의 빈도를 증가시키는 '강화'만 사용 가능하지.

강화를 사용하려면 강화물(reinforcer)이 필요해. 강화물이란 특정 행동의 빈도를 증가시킬 수 있는 자극인데, '보상'이라고도 해. 돌고래 쇼에서 돌고래가 멋지게 점프하는 이유는 조련사가 점프할 때마다 먹이를 주었기 때문이야. 돌고래 쇼에서 묘기 후에 조련사로부터 먹이를 받아먹는 모습을 보았을 거야.

웰시도 가끔은 패드 위에 성공적으로 변을 볼 때가 있으니, 바로 이때 좋아하는 간식을 제공해 주면 돼. 다른 곳에 변을 볼 때는 절대로 간식을 제공해서는 안 되고, 반드시 패드에 변을 볼 때만 줘야 해. 반복하다 보면 웰시는 패드에 변을 보게 될 거야. 점점 패드에 변을 보는 행동이 안정되게 나타나면, 이후로는 강화물을 제공하지 않아도 행동이 유지될 거고.

웰시의 문제 행동 중에는 방문 긁기도 있었지. 세은이는 웰시가 유기된 경험 때문에 불안해서 그런 행동을 보이는 게 아닌가 싶었어. 그래서 그런 행동을 보일 때마다 안아서 쓰다듬어 주었지. 그런데 웬걸? 오히려 웰시의 이상 행동이 점점 더 심해졌어. 의도한 건 아니지만, 세은이가 안아 주는 반응이 방문을 긁는 웰시의 행동을 강화시킨 거였어. 이럴 때 필요한 행동 수정 절차

잘했어!

는 처벌이야. 처벌은 그럼 어떻게 하는 걸까?

세은이의 어머니는 웰시가 방문을 긁을 때마다 스크래치가 생겨나서 화가 많이 났어. 그래서 딸에게 "저런 행동을 보일 때마다 회초리로 때려 줘"라면서 인터넷 마켓에서 반려동물용 회초리를 구입해 주셨지. 반려견을 키우거나 자녀를 양육할 때, 세은이의 어머니처럼 처벌과 체벌을 동일시하는 사람들이 의외로 많아. 즉 잘못된 행동을 했을 때 신체적으로 고통을 주어 그 행동의 빈도를 낮출 수 있다고 생각하는 거지. 하지만 심리학에서 처벌은 수단과 방법(신체적 고통)을 의미하는 것이 아니라, 결과(행동의 빈도를 낮춤)를 의미해. 또한 사용하는 수단과 방법은 윤리적이어야 하고, 가급적으로 상대에게 피해나 손상을 입히지 않아야 하지.

세은이는 웰시를 때리라고 한 어머니에게 화를 냈어. 유기된 경험이 있는 개들은 주인으로부터 학대받은 경험이 있는 경우가 상당수이기 때문에, 절대 그런 방법을 사용하면 안 되거든. 오히려 문제 행동이 더 심해질 수 있어. 그렇다고 안거나 만져 주는 것도 오히려 강화로 작용하니 어떻게 해야 할지 세은이는 걱정이 되었지.

그러다 인터넷 검색을 통해 개들이 레몬, 오렌지, 귤의 시큼한 향기를 무척 싫어한다는 걸 알게 됐어. 그래서 세은이는 부모님의 허락을 받아 웰시의 발이 닿는 방문 아래쪽에 레몬을 문질러 즙을 발라 놓았지. 이후로 웰시의 행동을 관찰했더니, 방문 쪽으로 가다가 걸음을 멈추었어. 그 모습을 보고 세은이는 한동안 매일 레몬 즙을 방문에 묻혔어. 이 방법은 정말 효과가 컸는데, 결국 웰시는 방문을 긁는 행동을 더는 하지 않게 되었지. 올바른 처벌로 행동 수정에 성공한 거야.

처벌보다 안전한 소거

웰시는 행동 수정을 통해 패드에서만 변을 보았고, 방문을 긁지도 않게 되었어. 하지만 여전히 부모님의 심기를 불편하게 하는 행동이 하나 있었는데, 세은이의 부모님에게 사납게 군다는 점이었지.

사실, 유기견의 입양을 원했던 사람도 세은이고, 웰시를 정성스럽게 목욕시키고 매일 산책시킨 것도 세은이야. 평소 사료를 챙겨 주는 것도, 배변 훈련을 시킬 때 특별 간식을 준 것도 세은이지. 방문 긁는 행동을 처벌하는 과정에서도 세은이는 때리라고 말했던 어머니에게 화를 내면서 웰시를 보호해 주었고, 웰시가 위협을 느끼지 않는 방식으로 행동 수정을 마무리했지. 웰시는 이런 세은이의 마음을 알았는지, 무척이나 세은이를 잘 따랐어.

반면, 부모님에게는 경계심을 늦추지 않았지. 부모님을 볼 때마다 으르렁거리면서 사납게 대했어. 학대 경험이 있는 유기견들이 보이는 전형적인 행동이야. 세은이는 웰시가 자신에게 애착을 느낀다는 사실에 기분이 좋으면서도, 한편으로는 부모님에게 미안한 마음이 들었어. 웰시 입양에 찬성해 주고, 반려견을 키우기 위한 비용도 부모님이 주시니까. 그리고 자신이 바쁠 때 부모님이 웰시를 챙겨 줘야 하기에 부모님과 웰시의 관계 개선이 필요했지. 이 일을 두고 세은이는 부모님과 대화를 나눴어. 부모님은 웰시가 사납게 굴 때마다 처벌해야 한다고 주장했지. 부모님이 생각하는 처벌의 방법은 이번에도 회초리였어. 세은이는 절대 안 된다고 막아섰지.

심리학자들은 신체적인 고통을 비롯해 부정적인 자극을 줘서 행동의 빈도를 낮추는 처벌을 대체로 반대해. 처벌을 위해 적절한 수준의 자극을 찾는 것이 쉽지 않거든. 만약에 어떤 부모가 자녀의 나쁜 버릇을 없애려고 매를 들었다고 생각해 봐. 도대체 몇 대를, 어느 강도로 때려야 적절한지 결정할 수 있어? 이것은 매우 어려운 문제야. 매를 한두 대 가볍게 때리면 처벌의 효과가 나타나지 않을 거야. 그렇다고 50대를 강하게 때리면, 회복할 수 없는 몸과 마음의 상처를 입게 되겠지. 보통, 어린 시절에 부모로부터 당하는 학대의 시작은 잘못된 행동의 빈도를 줄이기 위한 처벌이 목적이었던 경우가 많아. 하지만 결국엔 행동 교정이 이뤄지기보다는 학대와 폭력만 남게 되지.

그럼 어떤 방법을 사용해야 의미가 있을까? 이때 가장 안전한 방법은 소거(extinction)야. 소거란 어떤 행동이 자연스럽게 사라지는 현상을 의미해. 사실, 동물과 인간이 보여 주는 상당수의 행동은 외부의 자극 때문에 유지되는 경우가 많거든. 예를 들어, 학교에서 다른 친구를 괴롭히거나 심한 장난을 치는 학생이 있다고 해 봐. 이 행동이 유지되는 이유는 다른 친구들이 그 장난에

프레더릭 스키너 _ 행동주의의 대가

반응하기 때문이야. 그 반응이란 맞장구를 치면서 함께 장난치는 긍정적인 종류일 수도 있지만, 이와 반대로 너무 싫어하는 표정을 지으면서 화내거나 울음을 터뜨리는 부정적인 종류일 수도 있지.

사람들은 화를 내면 상대의 행동이 감소할 거라고 생각하지만 이런 반응을 재미있다고 느껴서 더 괴롭히는 경우도 있어. 만약 아무런 반응을 하지 않는다면 어떻게 될까? 속으로는 짜증나고 힘들겠지만 그래도 꾸준하고 일관되게 무반응을 보이면, 그 학생의 괴롭히는 행동이 자연스럽게 사라질 거야. 이것이 '소거'야(물론 학교 폭력의 경우엔 혼자 해결하려 들지 말고 어른들과 전문가의 도움을 받아야 해).

세은이는 부모님께 소거를 설명하면서, 웰시가 사납게 굴 때 아무런 반응을 하지 말라고 부탁했어.

"앞으로는 웰시가 사납게 굴어도 절대로 반응하지 말아 주세요. 무반응하다 보면 그 행동이 사라질 거예요."

소거에 대한 설명과 부탁의 말을 들은 세은이의 부모님은 그동안 잘못 대응했다는 걸 알게 되셨어. 웰시가 사납게 대할 때마다 어머니는 세은이 몰래 회초리를 사용했고, 아버지는 오히려 더 무서운 표정으로 소리를 질렀거든. 세은이는 그동안 부모님의 반응을 몰랐다가 이번에 알고 나서 속상했지만 이제부터가 중요하다고 생각했지. 부모님은 이후 웰시가 사납게 굴 때마다 반응하지 않았는데, 그러자 놀라운 일이 벌어졌어. 대략 2주가 지나니까 웰시의 사나운 행동이 점차 줄어들기 시작했고, 한 달이 지났을 즈음엔 완전히 사라졌지. 이제 웰시는 가족의 일원으로 잘 지내게 되었어. 세은이는 이 경험을 통해 외부 환경과 자극의 변화로 행동이 변한다는 사실을 알게 되어 놀랐고 기뻤지.

스키너가 세은이를 만난다면…

행동 수정은 인간의 삶 곳곳에도 적용되고 있어. 학교와 가정에서 어른들이 자녀와 학생들에게 적용하고 있는 수많은 규칙, 즉 좋은 행동을 하면 상을 주고 나쁜 행동을 하면 벌주는 것도 행동을 통제하고 변화시키는 행동 수정이야. 가령, 운전할 때 규정 속도 이상으로 빨리 달리면 벌금이 부과되지? 이것은 과속하는 행동의 빈도를 낮추는 처벌로 작용해. 이뿐 아니라, 우리가 사용하는 대부분의 기기와 물건들도 특정 행동의 빈도를 증가시키거나 낮추기 위한 원리로 설계돼 있지.

프레더릭 스키너 _ 행동주의의 대가

세은이는 행동주의를 알게 되면서 도움을 받았지만, 마음속으로는 '과연 인간에게 자유의지가 있을까?' 하는 회의감이 들기도 했어. 그저 외부 환경과 자극에 따라 행동이 달라진다면, 인간이 스스로 원해서 자신의 의지로 하는 행동은 없을 수도 있겠다는 생각이 든 거야. 스키너가 이런 고민에 빠진 세은이를 만난다면 무슨 이야기를 해 줄까?

먼저, 스키너는 세은이에게 "웰시의 행동 수정을 아주 잘 해냈다"고 칭찬해 줄 거야. 행동 수정에 성공하려면 분명한 목표가 있어야 하고, 스키너를 비롯한 행동주의자들이 정리한 절차를 정확하게 따르고, 꾸준히 진행해야 하거든. 많은 사람이 행동 수정에 도전하지만 이런 것들을 잘 지키지 못해서 실패하곤 해. 하지만 중학생 세은이가 이것을 해냈으니 스키너는 정말 대견하게 여길 거야.

그리고 자유의지에 대한 세은이의 고민에 대해서도 스키너는 해 줄 말이 있을 테지. 스키너의 대표 저서 중의 하나가 《자유와 존엄을 넘어서》인데, 그는 이 책에서 "인간의 행동을 자유와 존엄의 몫으로만 돌려서는 안 된다"라고 주장해. 왜냐하면 자유의지에 대한 맹신은 모든 사람이 자기 멋대로 살아가도록 만들고, 그것은 인간 세상에 파괴적인 결과를 초래할 수 있어서야.

스키너는 성인이 되어서 2차 세계대전을 경험했거든. 그는 자신의 이익과 욕심을 위해 상대를 파괴하는 전쟁이 벌어진 이유를 인간의 자유의지에 대한 맹신 때문이라고 생각했어. 그래서 그는 행동의 원인을 자유의지 대신 환경에서 찾아보자고 말했지. 그리고 이 환경을 다른 말로 하면 '문화'라고 했고. 스키너는 우리 사회의 문화가 건강하고 바람직하다면, 문화 안에서 살아가는 인간들 역시 바람직하게 살아갈 수 있다고 생각했어. 그는 이런 생각을 소설《월든 투》에 담아냈지. 이 작품은 행동주의의 원리가 작동되는 공동체의 이야기야. 세은이에게 이 책을 권할지도 몰라.

그럼에도 세은이가 자유의지에 대한 혼란스러운 마음이 계속 든다고 말한다면, 스키너는 행동을 통제하기 위해 환경을 바꾸는 것 역시 인간이라고 알려 줄 거야. 그러면서 세은이가 웰시를 데려오기 위해 부모님이 제시했던 조건에 따라 20개의 정보를 가족 단톡방에 올렸던 일을 떠올리게 해 줄 거고.

비슷한 예로, 많은 부모님이 가정에서 '칭찬 스티커' 같은 것으로 자녀의 행동을 나은 방향으로 바꾸려고 하잖아. 이때 부모가 만들어 놓은 환경 안에서 칭찬 스티커를 받기 위해 좋은 행동을 하는 자녀들은 자유의지가 없다고 할 수 있을까? 아니, 환경을 만드는 것도 인간이고, 그 환경의 영향을 받기로 선택한 것도 인간이야. 결국 행동 수정은 자유의지를 부인하고 인간을 기계처럼 여기는 게 아니라, 자유의지에만 행동의 이유를 떠넘기지 말자는 개념이지. 그래서 스키너의 자유의지에 대한 생각을 담은 책 제목도《자유와 존엄을 넘어서》인 거고.

'넘어서(beyond)'라는 표현은 그것을 인정하되, 그 이상을 바라보자는 의미야. 자유의지에 얽매이지 말고 그것을 넘어서 환경을 변화시키는 것이 중요하다고 스키너는 세은이에게 말해 줄 거야. 그러면서 환경을 변화시키는 사람이 되면 좋겠다고 격려하지 않을까?

개념 이해하기

- **행동 수정** 행동주의의 원리를 이용해 잘못된 행동을 교정하는 방법
- **강화** 환경의 변화로 특정 행동의 빈도가 증가하는 현상
- **강화물** 특정 행동의 빈도를 증가하게 하는 자극
- **처벌** 환경의 변화로 특정 행동의 빈도가 감소하는 현상
- **소거** 환경의 변화가 없을 때 특정 행동이 자연스럽게 사라지는 현상

6

무기력하고
우울하다면

공부

자기비관

우울

칼 로저스
인간 중심 치료의 창시자

아무것도
하고 싶지 않은 지은

올해로 고등학교 3학년이 된 지은이는 학교에서도 엎드려 자기 일쑤고, 집에 오면 방에서 핸드폰만 들여다봅니다. 이제 1년 남은 대입을 열심히 준비하는 친구들의 모습과 상반되죠.

사실 지은이는 어린 시절부터 모범생이었고, 머리도 좋고 열심히 공부하는 학생이었습니다. 그런데 고등학교에 입학하면서 조금씩 무기력에 빠지기 시작했어요. 걱정이 커진 선생님과 부모님이 잔소리도 해 보고, 달래기도 해 보았지만 달라지지 않았지요. 결국 담임 선생님은 학교 상담실인 Wee클래스*에 가 보라고 권했습니다. 지은이는 수업 시간에 선생님이나 다른 친구들을 방해하는 것보다는 낫겠다는 생각이 들어 선생님의 제안을 받아들였습니다.

Wee클래스에 대해서 이야기는 들었지만, 방문하는 건 지은이도

---

* 친구 관계나 진로 등 다양한 고민을 전문 상담 교사와 함께 나눌 수 있는 소통 및 상담 공간. 학교 상담실에 마련되어 있으며, 학교 적응 및 심리·정서적 안정을 위한 개인 상담, 자존감 향상 및 사회성 증진을 위한 상담·교육 프로그램을 운영하고 있다.

칼 로저스 _ 인간 중심 치료의 창시자

처음이었어요. 나 자신도 이유를 모르는 무기력과 우울을 심리 상담으로 해결할 수 있을 거란 기대는 처음부터 없었습니다. 수업 시간에 교실이 아닌 다른 곳에 있을 수 있다는 것만으로도 충분했지요. 하지만 심리 상담은 기대했던 것 이상이었어요. 왜냐하면 상담 선생님이 지은이의 이야기를 듣고는 이렇게 말씀해 주셨거든요.

"지은아, 오늘 솔직하게 이야기해 줘서 고마워. 다음 상담 시간부터는 이곳에서 자유를 만끽하면 좋겠구나."

"네? 자유라뇨?"

"너는 이곳에서 자유야. 다음부터는 네가 하고 싶은 대로 하면 돼. 만약 선생님이랑 하고 싶은 이야기가 있으면 말해 줘. 나는 얼마든지 들을 준비가 되어 있거든. 하지만 네가 말하기 싫으면 하지 않아도 괜찮아. 자고 싶으면 자도 되고, 눕고 싶으면 소파에 누워. 읽고 싶은 책을 읽거나 음악을 들어도 되고."

지은이는 당연히 매번 상담 선생님과 마주 앉아서 어린 시절이나 가족, 학교와 공부, 친구에 대한 이야기를 하게 될 줄 알았습니다. 그런데 선생님은 자유를 선포했습니다.

"정말 제가 원하는 대로 해도 돼요? 지금은 이렇게 말씀하시지만, 제가 계속 제멋대로 행동하면 나중에 뭐라고 하시거나 화내실까 봐 걱정돼요."

"그래, 걱정하는 마음도 이해해. 하지만 선생님이 먼저 제안한 거 잖아. 그렇게 하지 않을게."

지은이는 울컥했습니다. 왜냐하면 지은이가 정말로 원했던 것이 자유였거든요. 어떤 친구들은 수업 시간에 엎드리고, 방 안에서 핸드폰만 하는 지은이가 충분히 자유롭다고 생각할 것입니다. 하지만 지은이의 마음속은 지옥 같았습니다. 무기력과 우울, 공부에 대한 압박감과 불안, 그리고 주변 사람들에 대한 미안함까지, 모든 것이 지은이를 옥죄고 있었거든요. 지은이는 이 모든 압박에서 자유롭고 싶어서 스스로 목숨을 끊는 것도 생각했었지요. 하지만 그것은 주변 사람들에게 돌이킬 수 없는 상처를 주는 것 같아서 포기했습니다. 그런 지은이에게 상담 선생님이 자유롭게 있어도 좋다고 말해 주니, 그제야 마음이 안정되었습니다.

칼 로저스 _ 인간 중심 치료의 창시자

왜 자꾸 우울해지는 걸까?

초등학생들에게 우울함을 느껴 본 적이 있는지 물으면, 대부분 저학년까지는 무기력과 우울감을 잘 느끼지 않는다고 말해. 어린 친구들은 속상하고 힘든 일이 있어서 마음이 처질 때가 있긴 해도, 하루 이틀 정도 지나면 언제 그랬냐는 듯 기분이 회복되지.

그러다가 초등학교 고학년이 되어 청소년기에 접어들면 무기력과 우울을 느끼기 시작해. 이때부턴 시간이 지나도 감정이 잘 회복되지 않아. 친구들 앞에서는 밝고 쾌활한 모습을 보여도, 혼자 있을 땐 무기력해지고 우울감이 들 때가 많지.

하지만 대부분의 어른은 이러한 감정을 잘 이해해 주질 않아. 학생으로서의 책임만을 강조하지. 그날의 내 감정과는 상관없이 학교에 무조건 가야 한다고 생각하는 부모님이 여전히 많고, 아직 독립하지 못했으니 부모님의 간섭과 개입이 수시로 있을 수밖에 없어. 어떤 어른들은 이렇게 말씀하시기도 해.

"내가 네 나이면 뭐든 하겠다. 아직도 한참 어린 애가 왜 그렇게 무기력하니?"

"지금이 제일 좋을 때야. 부모가 밥해 주고, 재워 주고,

네 할 일만 하면 되는데 뭐가 힘들어!"

"어린 애가 왜 그렇게 기운이 없어? 어깨 딱 펴고 자신 있게 살아!"

나이가 어리다고 무기력하거나 우울하지 않은 건 아닌데, 이해받기가 정말 어려운 것 같아. 사실, 어쩌면 성인보다 미성년자가 더 무기력해지거나 우울해지기 쉬워. 호르몬 때문이기도 하고 자유를 누릴 수가 없어서기도 해. 부모님의 말씀도 잘 들어야 하고, 공부도 잘해야 하고, 외모도 신경 쓰이고, 친구 관계도 좋아야 하잖아. 그래야 인정받고 사랑받을 수 있다고 생각하니까. 이러한 여러 가지 조건을 모두 충족시키지 못하면 사랑받을 수 없다고 생각하기 쉬울 때가 청소년기라서 당연히 불안하고, 무기력하고, 우울할 수밖에 없어.

이처럼 자신의 가치를 있는 그대로가 아니라, 어떠한 조건을 충족시켜야만 인정받을 수 있다고 생각하는 것을 심리학자인 칼 로저스(Carl Rogers)는 '가치의 조건화(conditions of worth)'라고 했어. 이것은 로저스의 이론에서 성격의 형성과 발달을 설명하는 중요한 개념으로, 어른의 가치가 아이의 내면에 자리 잡는 현상을 말해. 또한 로저스는 인간은 누구나 있는 그대로 존중받고 사랑받아야 마땅하다고도 주장했지.

로저스의 말에 동의하니? 아니면 인정받고 사랑받기 위해서는 어떤 조건을 충족시켜야 한다고 생각하니? 만약 후자의 입장이라면, 어쩌면 끊임없이 자신의 존재 가치를 증명해야 하는 분위기 속에서 자랐거나, 지금도 그렇게 살고 있을지도 몰라.

지은이도 그랬거든. 어렸을 때부터 부모님과 학교 선생님 말씀을 잘 듣고, 공부도 잘하고, 친구들과 사이도 좋았지. 그럴 때마다 주변 사람들은 모두 지은이를 칭찬하고 좋아해 주었어. 인정도 해 주었고. 지은이는 이렇게 자신도 의식하지 못하는 사이에 주변 사람들이 원하는 모습에 익숙해졌어.

하지만 지은이는 점점 지쳐 갔지. 어른에게 반항하면, 공부를 못하게 되면, 친구들을 무시하거나 나쁘게 대하면 자신이 지금 누리고 있는 모든 인정과 사랑이 날아갈 것 같아 불안했거든. 이런 생각이 들수록 지은이는 점점 더 무기력해지고 우울해졌어. 그리고 점점 아무것도 하고 싶지 않아지고, 실제로 하지 못하게 되었지. 무기력함과 우울감이 지은이를 둘러쌌거든.

지은이가 열심히 노력해 왔던 것들을 하나둘 못 하게 되자, 어떤 일이 일어났을까? 지은이가 걱정했던 것처럼 부모님이나 선생님, 친구들이 지은이를 비난하거나 외면했을까? 아니, 그렇지 않아. 모범생이었던 지은이를 모두 걱정해 주었어. 하지만 지은이는 여전히 자신의 불안감을 내려놓을 수 없었지. 왜냐하면 주변 사람들이 이런 이야기를 계속 했기 때문이야.

"지금은 네가 힘들겠지만, 언젠가는 다시 예전의 모습을 되찾을 거라 믿어."
"살다 보면 그럴 때도 있어. 어서 힘을 내자."
"좌절을 통해 더 성장하고 성숙해질 거야."

여전히 사람들은 지은이에게 기대하는 것들이 있었고, 이런 기대감은 지은이를 숨 막히게 했지. 지은이는 현재의 무기력하고 우울한 자기 모습을 사람들이 싫어한다고 생각할 수밖에 없었어. 만약 자신이 나아지지 못하면 결국엔 버림받거나 미움받을 거라는 생각이 들자, 더욱 심각한 무기력과 우울감이 생겨났지.

지은이가 주변 사람들에게 들었던 말과 같은 조건적인 긍정적 표현은 사람의 생각과 행동을 더욱 주변의 애정과 칭찬을 받고자 하는 쪽으로 노력하게 만들어. 지은이도 마찬가지였고. 이렇게 타인의 기준에 맞추려고 노력하다 보면 건강하게 성장하는 것이 어려워지지.

칼 로저스 _ 인간 중심 치료의 창시자

마음에 고통이 생기는 과정

심리학자인 로저스는 청소년기를 농장에서 보냈어. 그의 아버지는 원래 기술자이자 사업가였는데, 로저스가 12세가 되던 해에 도시를 떠나 농장으로 이주를 했거든. 다행히 로저스는 농장 생활에 꽤 만족했었나 봐. 그는 농부의 꿈을 이루고자 이후 대학에 진학해서 농업을 전공으로 선택했지.

로저스는 아버지를 따라 농사를 지으면서 생명의 신비를 발견했어. 땅을 일구고, 씨앗을 뿌리면 얼마 후 싹이 돋아나잖아. 적절한 일조량과 충분한 수분이 공급되면 무럭무럭 자라나서 열매를 맺고. 누가 시키거나 알려 주지 않아도 생명체는 스스로 성장하고 결실한다는 것을 로저스는 경험을 통해 깨달았어.

이후 로저스는 식물이 아닌 사람에 관심을 두게 되었고, 사람을 도와야겠다고 생각했지. 농과대학을 졸업한 후 처음엔 목사님이 되려고 신학 공부를 했으나, 직접 사람들과 만나 이야기를 나누고 도움을 주는 것이 좋아서 교육학과 심리학을 공부했어.

로저스는 자신의 이론에서 사람을 '유기체'라고 지칭해. 유기체란 무기물의 반대말로, 살아 있는 생명체를 의미하지. 사람은 물론, 동물과 식물까지 포함하거든. 로저스는 모든 유기체가 누가 시키지 않아도 어떤 조건만 주어진다면 스스로 성장하고 발전할 수 있다는 사실을 어린 시절 농장에서의 경험을 통해 알았어. 마치 흙과 물, 태양만 있으면 씨앗에서 싹이 나와 줄기와 잎이 자라고 열매를 맺듯이 말이야. 농부가 할 일은 그저 이 세 가지 환경을 제공하는 거라고 믿었어. 어느 정도 성장해야 하고, 얼마나 많은 열매를 맺어야 하는지 그 방법과 정답은 제시할 수 없고, 그럴 필요도 없다고 생각했고.

로저스에겐 상담도 마찬가지였어. 유기체인 사람이 성장하고 변화하기 위해서는 특별히 방법과 정답을 제시해 주는 것보다는 세 가지 환경을 제공하면 된다고 생각했지. 그 세 가지란 무조건적 긍정적 존중(unconditional positive regard), 공감적 이해(empathic understanding), 그리고 솔직성(genuineness)이야. 지금부터 하나씩 살펴볼게.

무조건적이고 긍정적인 존중이 필요한 이유는, 사람에게 긍정적 존중의 욕구가 있기 때문이야. 부모님과 선생님, 친구들에게 인정받고 싶은 마음과 욕구는 너무 자연스러운 거야. 그런데 조건적으로 사랑을 주는 경우들이 있기도 해. 앞서 언급했던 '가치의 조건화'가 바로 그거야. 그래서 사람들은 조건을 충족시키기 위해서 열심히 애쓰며 살아가지.

칼 로저스 _ 인간 중심 치료의 창시자

하지만 유기체인 사람에게는 자신이 원하는 삶이 있어. 누구나 자신의 욕구와 감정, 자신이 살고자 하는 삶, 재능과 잠재력이 있지. 이것은 너무나 고유해서 다른 사람과 비교할 수 없고, 비교해서도 안 되는 거야. 이것은 때로 주변 사람들이 제시하는 가치의 조건화와 충돌할 수 있어. 이때 많은 사람이 자신의 것을 포기하고 사랑받기 위해 조건을 충족시키는 삶을 선택해.

로저스는 심리적인 문제, 정신 장애의 원인을 바로 여기에서 찾아. 자신이 원하는 삶이 아닌, 타인이 원하는 삶을 살기 때문에 문제가 생긴다는 거지. 지은이도 마찬가지였어. 사실 지은이는 공부보다 그림 그리는 게 좋아서 웹툰 작가가 되고 싶었는데, 공부를 꽤 잘했던 지은이에게 부모님과 학교 선생님들은 보다 안정된 직업을 가져야 한다면서 교사라는 직업을 강력히 권했지.

부모님들은 자녀에게 가치의 조건을 제시하는 것이 아이의 안정된 미래를 위해서라고 강조해. 하지만 로저스는 무엇이 좋은지는 자기 자신 이외에는 누구도 판단할 수 없다고 말하지. 온전히 그 사람의 입장이 되어 보지 않고서는 무엇이 더 좋은지 알 수 없는 거잖아? 이것 때문에 로저스는 두 번째 환경인 공감적 이해를 강조했어.

공감적 이해란 판단이나 평가, 잔소리와 정반대인 태도를 말해. "그럴 수밖에 없었구나", "이래서 그랬던 거구나" 하고 이해하고, 공감하자는 거지. 그 사람의 삶을 온전히 인정하고, 그가 원하는 삶을 살도록 도와주는 거야. 아이가 힘들어 한다면 부모가 그 힘든 감정을 있는 그대로 인정해 주는 게 필요하다는 거지.

주변에 나에게 위로가 되는 사람은 누구니? 또한 나를 신나게 하는 사람은 누구야? 아마도 나를 평가하고 비판하는 사람은 아닐 거야. 내가 어떤 말이나 행동을 하든 있는 그대로 인정해 주는 사람, 완벽하게 인정해 주지는 못하더라도 인정하려고 애쓰는 사람에게 큰 신뢰감을 느끼잖아. 사람은 누구나 공감받고 이해받고 싶어 하기 때문에 그래.

무조건적이고 긍정적인 존중, 공감적 이해에 대해 설명하면 꼭 이렇게 묻는 사람들이 있어.

"내가 사랑하는 사람이 잘못된 길로 가도 이해해 주고,
무조건 존중해 주라는 말인가요?"

그래서 로저스는 이때 무엇보다 중요한 게 솔직성이라고 강조하지. 대부분의 부모님과 선생님은 아이에게 애정을 가지고 있고 관심도 있으며, 아이의 마음에 충분히 공감해 줄 거야. 하지만

그러함에도 곁에서 지켜보기에 속이 상하고 화가 날 수 있어. 로저스는 그럴수록 걱정하는 마음을 솔직하게 표현하는 것이 정말 중요하다고 말하는 거야. 예를 들어, 나에게 상담을 받으러 찾아온 사람에게 "앞으로 그렇게 행동하면 당신의 상담을 맡지 않겠어요" 하면서 조건적인 존중을 해서는 안 되는 거잖아? "당신의 그런 행동은 매우 잘못되었습니다" 하면서 판단하고 지적하는 것도 바람직하지 않고 말이야. 좋은 상담자라면 "당신이 어떤 모습이더라도 당신에 대한 애정과 관심에는 변함이 없습니다. 당신의 입장에서는 충분히 그럴 수 있다고 생각해요"라고 무조건적인 존중과 공감, 이해를 표현한 후에, "하지만 당신이 그런 행동과 말을 했다는 것이 나는 매우 속상합니다"라고 말해야 해. 이것이 바로 솔직성이지.

무조건적이고 긍정적인 존중, 공감적 이해, 솔직성, 이 세 가지는 상담 때만이 아니라 일상에서도 충분히 적용할 수 있어. 부모가 자녀에게, 친구가 친구에게 적용할 수 있지. 우리가 서로를 비난하거나 판단하지 않고 '있는 그대로' 이해해 줄 때 각자가 가진 최고의 능력을 발휘할 수 있거든.

여기서 더 나아가 학교에서는 교사가 학생에게, 기업에서는 관리자가 직원들에게 적용할 수 있을 거야. 제아무리 성적이 중요하고, 성과가 중요하고, 돈이 중요하더라도 사람보다 더 중요한 것은 없으니까. 마음에 고통이 생기는 건, 있는 그대로 존중받지 못하고, 공감과 이해를 받지 못하고, 서로 솔직할 수 있는 환경이 주어지지 못했기 때문이야.

내가 원하는 내 모습 되기

식물은 흙과 물, 태양이라는 환경이 주어지면 잘 자라서 열매를 맺어. 그렇다면 사람에게 무조건적 긍정적 존중, 공감적 이해, 솔직성이라는 환경이 주어지면 어떤 모습이 될까? 로저스는 이 세 가지 환경이 주어지면 사람들은 누구나 스스로가 원하는 자신의 모습이 된다고 했어. 이를 가리켜서 '충분히 기능하는 사람(fully functioning person)'이라고 하지. 자신의 잠재력을 충분히 사용하는 사람이라는 뜻이야.

로저스는 완전히 기능하는 사람의 특징으로 다섯 가지를 꼽았어. 경험에 대해서 열려 있고, 매 순간을 살아가며(실존적인 삶), 자기 자신을 신뢰하고, 경험적으로 자유를 누리며, 창조적이라는 거야. 각 특징이 무엇인지 더 자세히 살펴보자.

칼 로저스 _ 인간 중심 치료의 창시자

충분히 기능하는 사람의 특징

1 경험에 개방적이다.

2 지금, 여기에 집중하며 매 순간을 살아간다.

3 자기 자신을 신뢰한다.

4 경험적으로 자유를 누린다.

5 창조적으로 살아간다.

　　첫 번째, 경험에 대해 열려 있다는 건 경험하는 모든 것을 기꺼이 자신의 삶으로 받아들인다는 의미야. 경험에 개방적인 태도지. 대부분의 사람은 자신이 원하는 경험만 하고 싶어 하고, 원치 않는 경험은 외면하거든. 예를 들어 오로지 성공만을 바라보고 사는 사람은 실패했을 때 "아냐, 이럴 수 없어. 이런 일이 나에게 일어난 것은 말도 안 돼!" 하면서 괴로워해. 하지만 경험에 열려 있고, 마음의 소리를 따라 살아가는 사람은 좋든 싫든 내 경험을 모두 나의 것으로 받아들이지.

두 번째, 매 순간을 살아간다는 건 '지금, 여기'에 집중하며 살아가는 삶을 의미해. 오늘을 살아가는 거야. 과거에 대한 후회와 미래에 대한 걱정 때문에 즐기지 못하는 사람도 많잖아? 하지만 과거는 돌이킬 수 없고, 미래는 언제나 존재하지. 결국 제대로 된 삶은, 매 순간 실존적인 삶을 살아가는 거야.

세 번째, 자기 자신을 신뢰한다는 건 스스로의 판단을 믿는 거야. 어린 시절부터 자신의 판단을 무시받았던 사람은 성인이 되어서도 스스로를 믿지 못하는 경향이 있어. 그러나 인간은 본래부터 자신의 경험과 주관적인 감정을 통해 세상을 지각하는 자유롭고 능동적인 존재야.

네 번째, 경험적으로 자유를 누린다는 건 내 마음이 원하는 것을 원하는 대로 실행할 수 있는 자유를 느낀다는 걸 말해. 상담 선생님이 지은이에게 2회기 상담부터는 "하고 싶은 것을 하라"고 했잖아. 만약 지은이가 충분히 기능하는 사람이라면 정말 자유롭게 자신이 원하는 경험을 할 수 있을 테지.

마지막 다섯 번째로, 사람은 누구나 창조성을 가지고 태어나. 다만 어린 시절부터 그럴듯한 정답을 따라 살다 보면 자기 내면의 창조성을 드러내지 못하게 되지. 무조건적 긍정적 존중, 공감적 이해, 솔직성이라는 세 가지 환경 아래서 충분히 기능하는

칼 로저스 _ 인간 중심 치료의 창시자

사람이 되면, 내면의 소리에 귀를 기울이고 자신의 삶에서 창조성을 발휘할 수 있게 될 거야.

로저스가 지은이를 만난다면…

로저스는 자신의 상담 이론을 '비지시적인 상담'이라고 했어. 문제의 해답은 내담자 스스로가 알고 있기 때문에 굳이 상담자가 무언가를 가르치거나 알려 줄 필요가 없다고 생각했거든. 하지만 비지시적이라는 말은 마치 상담자가 아무것도 하지 않는 것처럼 보이기도 해. 로저스는 이런 오해를 없애고자 자신의 상담 이론을 '내담자 중심 치료'라고 부르기 시작했지. 상담자 중심이 아니라, 내담자의 경험과 감정을 중심으로 상담을 진행한다는 의미야.

그런데 상담자와 내담자를 구분한다는 것 자체가 권위주의적인 발상이라는 생각을 로저스는 하게 돼. 실제로 로저스는 누구를 만나든지 직업과 역할로 대하지 않고 한 인간으로 대했어. 한 인간으로 상대와 관계를 맺었고. 그래서 로저스는 자신의 상담 이론을 최종적으로는 '인간 중심 치료'라고 불렀지.

로저스가 지은이를 만난다면, 그는 심리학자라는 직업적인 타이틀을 벗어던지고 편하고 친근하게 접근할 거야. 실제로 로저스는 기존의 틀을 깨는 접근을 많이 했어. 그는 사람들이 누구의 눈치를 보거나 사회적 고정관념에 얽매이지 않고, 자유롭게 살기를 바랐거든.

상담 선생님이 지은이에게 상담실에서 원하는 바대로 있으며 자유를 만끽하라고 했던 것도 로저스의 접근과 일맥상통해. 로저스는 지은이가 대화하기를 원한다면 언제나 마주 앉을 거야. 그리고 오고 가는 대화 속에서 지은이를 있는 모습 그대로 존중해 주겠지. 어른들의 말씀을 잘 듣든 듣지 않든, 공부를 잘하든 못하든 상관없이 말이야.

지은이의 부모님이나 선생님은 염려되는 마음을 너무 강하게 표현하다 보니 지은이의 무기력한 모습을 이해 못 하겠다면서 질책하거나 걱정하는 말을 했겠지만, 로저스는 충분히 들어 주고, 공감해 주고, 이해해 줄 거야. 또한 인간 대 인간으로 지은이와 관계를 맺으며 자신의 감정에 솔직하게 반응할 거야.

여기서 '솔직하다'는 것은 평가와 판단이 아니라 감정을 의미한다는 것이 중요해. 지은이에게 화가 나면 화를 낼 것이고, 지은이에게 좋은 마음이 들면 좋다고 말하겠지. 어떤 감정이든 솔

칼 로저스 _ 인간 중심 치료의 창시자

직하게 표현하기 때문에 지은이는 로저스와 함께 있을 때 편안함을 느낄 거야.

무조건적 긍정적 존중, 공감적 이해, 솔직함이라는 이 세 가지 환경이 만들어지면, 지은이는 가치의 조건화에 따라 전전긍긍하지 않고 자신이 원하는 자신의 삶을 사는, 충분히 기능하는 사람이 될 수 있어. 마지막으로 로저스는 지은이에게 말해 줄 거야. 지은이가 원한다면 지은이도 주변 사람들에게 이런 환경을 제공해 줄 수 있다고 말이야. 그리고 자신이 원하는 대로 자유롭게 살라고 격려해 주겠지.

이러한 환경 제공과 반응은 부모가 자식에게, 교사가 학생에게, 상담자가 내담자에게 하는 것만이 아니라, 삶 속에서 만나는 누구와도 가능해. 실제로 로저스는 자신의 이론이 상담 영역에 국한되지 않기를 바랐어. 학교와 직장, 그리고 사람들이 존재하는 모든 공간에서 서로가 서로에게 이런 환경을 제공하길 바랐지. 심지어 인종 간의 갈등과 세계 평화를 위해서도 자신의 인간 중심 이론이 사용될 수 있다고 확신했어. 그는 이런 업적을 인정받아 노벨평화상 후보로 거론되기도 했지.

지금, 자신이 원하는 삶을 살고 있니? 만약 그렇지 못하다면 무기력과 우울, 불안과 공포를 자주 느낄 거야. 이러한 마음 상태에서 벗어나려면 내면의 목소리에 귀를 기울여야 해. 그러기 위해서 때로는 상담자의 도움이 필요한 순간도 있어.

농부가 알맞은 환경을 제공해야 식물이 잘 자라나듯, 우리의 마음에도 그러한 환경이 꼭 필요해. 충분히 기능하는 사람으로서 성장하고, 스스로가 원하는 대로 삶을 이끌어 나가길 진심으로 응원할게!

칼 로저스 _ 인간 중심 치료의 창시자

개념 이해하기

- **가치의 조건화** 조건을 채워야만 존재 가치를 인정받을 수 있다고 생각하는 것이며, 어른의 가치가 아이의 내면에 형성되는 현상을 말함
- **무조건적 긍정적 존중** 어떤 조건을 충족시키지 않아도 있는 모습 그대로 존중하고 사랑해 주는 것
- **공감적 이해** 상대를 평가하거나 비판하지 않고, 상대의 입장에서 이해하고 공감하는 것
- **솔직성** 상대와 관계를 맺으면서 느끼는 감정을 솔직하게 드러내는 것
- **충분히 기능하는 사람** 자신의 모습 그대로, 자신이 원하는 삶을 살아가는 사람

7

긍정의 힘은
진짜 있을까?

마틴 셀리그먼
긍정심리학의 선구자

자기 비난의
오류에 갇힌 도현

고등학교 2학년이 된 도현이는 지난 1년간의 고등학교 생활을 되짚어 보았습니다. 사실 고등학교에 입학할 때는 계획이 거창했습니다. 게임을 적게 하고, 책상 앞에서 멍하게 보내는 시간을 줄이고, 늦잠도 자지 않고, 게으름을 피우지 않겠다고 결심했죠. 성적이 나쁜 편은 아니었지만 그래도 원하는 대학에 가려면, 성적을 조금 더 올려야 했으니까요. 성적이 잘 안 나오는 과목은 학원과 과외의 도움을 받기도 했습니다. 하지만 방학 땐 늦잠과 게임에 빠지기 일쑤였고, 학기 중에는 친구들과 어울려서 노느라 성적이 오르지 않았습니다. 되돌아보면 도현이에게 지난 1년은 실패 그 자체였습니다.

물론 처음엔 스스로를 옥죄면서 열심히 노력했습니다. 하지만 작심삼일이라는 말처럼 하루 이틀 정도만 계획에 따랐고, 어느 순간 정신을 차리고 보면 모두 엉망이 되어 있었죠. 오늘 해야 할 것을 내일로 미루고, 미루길 반복하다 보면 결국 해야 할 것이 너무 많아져서 포기하게

마틴 셀리그먼 _ 긍정심리학의 선구자

되었어요. 늦잠과 게으름, 게임과 친구들 속으로 도망치는 일이 점점 늘었습니다. 도망쳤지만 마음은 편하지 않았지요. 성적에 대한 욕심과 기대를 부모님과 선생님만큼이나 도현이도 내려놓을 수 없었으니까요. 그래서 정신이 들 때마다 도현이는 스스로를 '너'라고 대상화하면서 압박하기 시작했습니다.

'혹시나 했더니 역시나군. 너는 왜 그 모양이냐?'

'공부도 못하는 네가 앞으로 무슨 일을 할 수 있겠어?'

'너, 정말 고등학교 3년 내내 이러는 거 아니야?'

스스로를 향해 온갖 비난의 말을 던지면, 정신이 번쩍 드는 것 같았습니다. 그런 날은 마음을 다잡고 다시 열심히 해야겠다는 결심이 들었죠. 하지만 행동의 변화는 일어나지 않았습니다. 이때마다 도현의 자책과 비난의 강도는 더 세졌습니다.

'그냥 다 포기해. 너 같은 인간은 살 가치가 없어.'

'지금부터 이러면 나중에 커서 뭐가 될래? 너는 인생 낙오자야.'

'너는 한평생 이렇게 실패만 할 거야. 의지박약인 XX야!'

도현이는 계획과 결심, 게으름과 실패, 반성과 자책, 그리고 다시 계획과 결심이라는 사이클을 1년 동안 반복하며 혼란스러웠습니다. 아무리 자책해도 나아지기는커녕, 자신감이 떨어져서 오히려 더 실패하는 것이 아닌가 하는 생각이 들었고요. 도현이는 공부뿐 아니라 다른 일을 해도 실패할 것 같다고 생각했고, 평생 이렇게 살면 어쩌나 하는 두려움에 사로잡혔습니다. 이제 얼마 남지 않은 고등학교 시절을 진짜 새로운 모습으로 살고 싶은데, 어떻게 해야 할지 모르겠어서 괴로웠습니다.

행복한 사람과 불행한 사람의 차이

부모님께 혼나 본 적 있니? 무엇 때문에 혼났어?

도현이가 스스로를 혼낸 것처럼, 많은 가정에서 부모님은 아이가 잘못할 때 지적하고 혼내. 학교에서는 선생님이 학생의 부족한 부분을 지적하고, 성적이 떨어진 학생에겐 분발을 촉구하지. 어른이 되어도 마찬가지야. 직장에서 상사는 부하 직원이 실수할 때 지적하고 일을 가르쳐 주지.

사회와 국가도 똑같아. 잘못을 저지르면 과태료와 범칙금을 부과하거나 법적 처벌을 내려. 모두 부정적인 것을 고치면 앞으로 더 나아지고, 발전하고, 행복해질 거라는 생각 때문에 그런 거야. 물론 잘했을 땐 칭찬하거나 상을 주어 긍정적인 행동을 장려하지. 하지만 부정의 감소와 긍정의 격려를 비교해 보면, 대부분 전자에 더 많은 에너지를 쓰고 있다는 걸 쉽게 알 수 있어.

긍정적인 것보다 부정적인 것에 주의를 기울이는 것은 모든 생명체가 가진 삶의 기본자세야. 자신에게 위험이 되는 것에 더 주의를 기울이는 게 생존에 유리하기 때문이지. 이것은 한 개인에게만 해당하는 것이 아니라, 모든 단체와 조직은 물론이고 학계도 마찬가지야. 심리학도 당연히 포함해서 말이지.

2000년 1월, 세계적으로 유명한 심리학자 마틴 셀리그먼 (Martin Seligman)은 자신의 동료들과 함께 긍정심리학(positive psychology)을 주창했어. "삶을 가치 있게 하는 것에 대해서도 말하는 심리학을 만들자"라고 제안한 거지. 이전까지 심리학자들은 인간의 부정적인 측면에 초점을 맞추었거든. 예를 들면 우울과 불안을 비롯한 각종 정신병리, 인종 편견과 폭력, 자존감 관리와 비합리성, 그리고 역경을 딛고 일어서는 방법 등에 관심이 많았어. 개인의 강점과 미덕, 행복과 감사 등의 긍정적인 측면에 대해서는 비교적 관심을 갖지 않았지. 심리학 분야에 긍정보다는 부정에 치우친 불균형이 존재했다고 말할 수 있을 거야.

그 이유는 앞서 언급했던 것처럼, 인간의 부정적인 측면을 이해해서 극복하고 나면 긍정으로 변하게 될 거라는 가정 때문이었어. 하지만 이러한 노력을 백 년 넘게 해 보았음에도 인간의 삶은 크게 달라지지 않았지. 왜일까? 그 이유는 인간의 부정적인 면을 완벽하게 제거한다는 게 불가능할 뿐더러, 부정적인 면을 제거해도 행복해지지 않기 때문이야.

예를 들어 설명해 볼게. 만약 도현이가 애쓰고 노력해서 자신의 부족한 부분을 없앴다고 해. 게임을 적게 하고, 책상 앞에서 멍하게 보내는 시간을 줄이고, 늦잠도 자지 않고, 게으름을 피우지 않으며, 성적이 안 나오는 과목에 집중해서 성적을 올렸다고 가정해 봐. 그렇게 되면 도현이는 만족하고 행복해 할까? 아니면 더 높은 목표를 향해 스스로를 더 심하게 채찍질할까?

아마도 후자일 가능성이 높아. 아무리 공부와 자기 관리를 잘하더라도, 사람은 얻은 것에 만족하기보다는 얻지 못한 것에 대한 불만을 더 크게 인식하기 마련이니까. 아니, 그래도 예전보다 나아졌으면 만족하지 않겠냐고? 물론 처음엔 만족하고 뿌듯함을 느낄 거야. 하지만 이런 방식으로는 행복해지지 못해. 왜냐고? 인간의 뛰어난 적응력 때문이지.

처음으로 스마트폰을 가지게 되었을 때가 언제야? 그때 기분이 어땠는지 기억하니? 아마도 엄청 좋고, 행복했을 거야. 친구들과 쉽게 대화할 수 있고, SNS를 통해 온갖 재미있고 흥미로운 일을 접할 수 있고, 게임이라는 가상의 세계에서 주인공이 될 수도 있으니 정말 신났겠지. 하지만 그 흥분과 즐거움은 길어야 한두 달 정도야. 시간이 지나면 이런 감정들은 사라지고, 스마트폰을 당연하게 여기게 되지.

그러다 어느 날, 친구의 신형 기종을 보면 부러움을 느끼게 될 거야. 그래서 용돈을 모으거나 부모님을 졸라서 더 좋은 폰을 사면, 역시 기분이 좋겠지. 그 좋은 기분은 또 얼마나 갈까? 역시

한두 달일 거야. 인간은 제아무리 좋은 상황이 되어도, 그것에 대한 만족과 감사가 오래가지 못해. 뛰어난 적응력 때문이지. 그래서 아무리 부정적인 것을 없애고 더 나아져도 행복을 오래 유지하기가 어려운 거야.

인간의 부정적인 감정을 연구하던 심리학자들은 놀라운 사실을 하나 발견하게 돼. 마음의 상처가 될 만한 사건을 경험했음에도 심각한 정신병리를 겪지 않는 사람이 상당수 존재하고 있으며, 심지어 어떤 사람들은 이러한 경험을 통해 오히려 심리적으로 성장하는 경우가 있다는 사실이었지.

생명의 위협을 느끼는 충격적인 사건을 트라우마(trauma)라고 하는데, 트라우마를 겪은 사람들은 상당 기간 동안 우울과 불안에 시달리면서 아주 비관적인 생각을 하게 되거든. 그런데 일부 사람들은 트라우마를 겪은 이후, 오히려 삶의 의미를 발견하거나 자신의 삶이 유한함을 깨닫고 더 적극적이고 긍정적으로 살게 되었다는 거야. 참 놀라운 연구 결과지?

셀리그먼을 비롯한 일부 심리학자들은 마침내 인간의 긍정적인 면에 관심을 갖고 연구하기 시작했어. 예를 들어서 감사와 용서, 경외심, 영감, 희망, 호기심, 웃음, 행복, 도덕성, 명상, 글쓰기, 웰빙 등이 연구의 대상이었지. 이처럼 불안과 우울, 스트레스

같은 부정적인 감정보다 인간 마음의 밝은 면, 자신의 능력을 최대한 발휘할 수 있도록 하는 조건과 과정을 연구하는 분야를 긍정심리학이라고 해.

학습된 무기력이란?

긍정심리학의 주창자인 셀리그먼 역시 다른 심리학자들처럼 부정적인 감정을 연구하던 사람이었어. 그런데 어떻게 하다가 긍정의 중요성을 알게 되었을까? 아이러니하게도, 부정적인 것을 연구하던 도중에 쉽게 이해할 수 없는 현상을 만나면서부터였대.

셀리그먼이 심리학자로 처음 활동하던 당시, 심리학의 주류는 행동주의였어. 심리학이 과학이 되기 위해서는 눈에 보이지 않는 마음이 아니라, 눈에 보이는 행동만을 연구해야 한다고 주장하던 학파였지. 그리고 인간과 동물의 행동이 내적 요인(지능, 기억)이 아닌 외부 환경(강화, 처벌)에 의해서 결정된다고 믿었고, 이와 더불어 눈에 보이지 않는 '좌절'과 '희망'처럼 추상적인 개념은 거부했어.

셀리그먼은 이러한 연구 환경에 불만을 가졌지. 마음이 분명히 존재하는데, 마치 마음이 없는 것처럼 심리학을 연구해야 하는 분위기가 싫었던 거야. 그래서 셀리그먼은 실험을 통해 행동주의에 도전했어. 개들도 '무기력'이라는 추상적인 개념을 학습할 수 있다는 것을 증명함으로써 말이야.

그는 실험을 위해 상자를 두 칸으로 구분했는데, 개들이 뛰어넘어 갈 수 있을 정도로 칸막이를 낮게 만들었지. 그 다음 상자의 한쪽 칸에 개를 넣고, 바닥으로 전류를 흘려보냈어. 개들은 이내 고통을 피하기 위해 전류가 흐르지 않는 옆 칸으로 넘어갔지. 잠시 후 그 칸에도 전류가 흐르자, 개는 전류가 흐르지 않는 원래의 칸으로 돌아왔어. 이렇게 두 칸에 번갈아 전류를 흘려보내면, 개는 전기 충격을 받자마자 옆 칸으로 넘어가는 행동을 학습해. 이를 도피 학습이라고 하지.

여기까지는 당시 대부분의 심리학자들이 연구하던 것과 같

마틴 셀리그먼 _ 긍정심리학의 선구자

앉아. 그런데 셀리그먼은 이 절차를 진행하기 전에 개들을 도망칠 수 없는 상자에 넣은 후 전기 충격을 가했지. 전류가 흐를 때 몸부림치던 개들은 어떻게 해도 전기 충격을 피할 수 없게 되자, 전류가 흐르는 바닥에 배를 깔고 엎드려서 고통을 그대로 받아들였어. 무기력을 경험하는 것처럼 보였지.

셀리그먼은 그러고 나서 이 개들을 다시 도피 학습 상황에 두었어. 피할 수 없는 전기 충격을 이미 경험한 개들은 도피가 가능한 상황에서 어떻게 반응했을까? 이전의 경험에서 무기력을 학습했기에 피하지 않고 그대로 받아들였을까, 아니면 이전의 경험과 무관하게 도피 행동을 보였을까?

결과는 전자였어. 실험에 참여한 개들의 3분의 2가 무기력을 학습한 것처럼 도망칠 수 있는 상황에서도 도망치지 않았지. 셀리그먼의 이 실험은 매우 놀라운 결과를 낳았어. 행동주의 논

리가 흔들리기 시작했거든. 그리고 이 실험으로 '학습된 무기력'이라는 개념이 인간의 우울증을 가장 잘 설명해 주는 것으로 평가받으면서, 우울증의 이해와 치료에 적용되었어.

학습된 무기력은 자발적으로 반응하려는 동기를 저하시키고, 주로 우울증이나 불안과 같은 정서적인 동요를 일으키는 경험을 유발해. 그래서 통제가 가능한 환경에서도 주변 상황에 영향을 주려는 어떠한 시도도 못 하게 만들지. 다시 말해, 우울한 사람은 이전 삶의 경험에서 '어떻게 해도 안 된다'는 무기력을 학습했기 때문에, 새로운 상황에서도 도전하려고 하지 않는다는 거야.

이 실험으로 셀리그먼이라는 젊은 심리학자는 일약 스타덤에 올라. 여기저기에서 강연해 달라는 요청도 받았지. 그러던 어느 날, 강연에서 셀리그먼은 전혀 예상치 못한 질문을 받게 돼.

"3분의 2의 개들은 무기력을 학습했는데, 왜 나머지 3분의 1의 개들은 무기력을 학습하지 않았습니까? 이전에 피할 수 없었던 전기 충격을 받았음에도 새로운 환경에서 어떻게 도피 행동을 보인 걸까요?"

심리학 실험은 과학적인 연구를 지향하는데, 가장 중요한 것

마틴 셀리그먼 _ 긍정심리학의 선구자

이 평균의 결과물이야. 셀리그먼의 실험에서 평균적으로 개들은 무기력을 학습했어. 그러나 3분의 1의 개들은 포기하지 않은 것처럼 행동했지. 똑같은 경험을 했는데도 말이야. 이 질문 이후로 셀리그먼은 새로운 고민에 빠져. 그리고 자신이 앞으로 연구해야 할 새로운 과제가 생긴 것을 알아차렸지. 즉, 역경과 좌절 앞에서 무너지는 사람과 계속 도전하는 사람의 차이에 대해서 연구하는 일이었어.

학습된 무기력을 넘어서는
낙관주의

셀리그먼의 실험 이후로 심리학계는 무기력을 학습한 3분의 2의 개들에게 관심을 갖게 되었지만, 정작 셀리그먼의 관심은 무기력을 학습하지 않은 3분의 1의 개들에게로 향했어. 하지만 개들에게 왜 포기하지 않았는지 직접 물어볼 수도 없잖아? 그래서 셀리그먼은 사람을 대상으로 연구를 진행했어. 연속되는 역경과 좌절, 실패 경험으로 무기력을 학습해 우울증을 겪는 사람들은 물론, 그럼에도 불구하고 포기하지 않고 자신의 삶을 개척해 나가는 사람들을 만나서 인터뷰했지. 그리고 많은 연구와 시행착오 끝에 낙관주의도 학습이 가능하다는 사실을 밝혀냈어.

보통 낙관주의(optimism)라고 하면 타고난 낙천적인 성격 때문에 우울하거나 불안하지 않은 사람을 가장 먼저 떠올리잖아. 또는 급박한 위기 상황에서도 무책임할 정도로 '될 대로 되라'식의 태도를 취하는 사람을 떠올리기도 하고. 하지만 이런 마음가짐은 비현실적 낙관주의(unrealistic optimism)로 따로 분류해. 아무 노력도 하지 않는 무책임한 사람이지.

셀리그먼이 말하는 낙관주의는 이것과 달라. 역경과 좌절을 겪었음에도 새로운 상황에서 또다시 도전하고 일어서는 삶의 자세를 말하지. 즉 반복되는 실패 경험 때문에 모든 것을 부정적으로 생각하는 비관주의(pessimism)와는 완전히 대비되는 개념이야.

사람들은 흔히들 비관주의자는 인생에서 실패를 많이 겪었을 것이고, 낙관주의자는 성공 경험이 많을 것이라고 생각하거든. 하지만 셀리그먼은 연구를 통해 두 사람의 경험이 크게 다르지 않다는 결론에 도달했지. 그렇다면 무엇이 다를까? 맞아, 자신의 실패 경험을 해석하는 방식이 달랐어. 셀리그먼에 따르면, 사람들은 자신이 경험한 일을 크게 세 가지 측면으로 해석하는 경향이 있다고 해.

마틴 셀리그먼 _ 긍정심리학의 선구자

첫 번째는 경험의 '원인'이야. 실패를 경험했을 때, 비관주의자들은 그 원인을 "내가 부족해서 그래", "나 때문이야"라며 자기 자신에게서 찾지. 이런 생각은 겸손과 겸양의 말처럼 보이지만, 한편으로는 자신만 잘하면 모든 것이 잘될 수 있다는 착각과 연결이 되어 있어. 이런 생각을 계속 하다 보면 실패의 원인이 자기 자신이기 때문에 어떤 일을 하든지 실패할까 봐 두렵게 되고, 새로운 상황에서의 도전을 포기하지.

하지만 생각해 보면 내 노력만으로 되는 일이 과연 있을까? 아니, 그렇지 않아. 그래서 "열심히 했지만, 상황이 따라 주지 않았어"라며 노력해도 잘 안 될 수 있다고 해석하는 것이 합리적인 사고방식이고, 낙관주의자의 사고방식이야. 이렇게 생각하면 새로운 상황에 다시 도전할 수 있어.

두 번째는 경험의 '확산'이야. 어떤 사건의 경험이 다른 사건에도 적용될 거라고 생각하는 거지. 예를 들어 아무리 노력해도 공부에서 좋은 결과를 얻지 못했을 때, 비관주의자들은 "공부도 못한 내가 인간관계라고 잘하겠어? 나중에 직업을 얻어도 난 실패할 거야"라면서 실패 경험을 다른 영역으로까지 확산시켜 생각해. 이러니 당연히 도전보다는 포기를 선택하지.

하지만 낙관주의자들은 "내가 비록 공부는 못했지만, 사회

생활은 다를 거야. 사회생활도 실패할 수 있지만, 잘 해낼 수도 있어. 직업을 얻어도 마찬가지고"라면서 서로 다른 영역이니 관련이 없다 해석하고 새로운 영역에 도전하지.

세 번째는 경험의 '지속'이야. 과거의 경험이 미래에도 지속될 거라고 생각하는 거지. 예를 들어 중간고사를 망쳤을 때 비관주의자들은 "중간고사도 망쳤으니, 기말고사도 망칠 것 같아"라면서 공부할 의욕을 잃어버려. 하지만 낙관주의자들은 "중간고사는 망쳤지만, 기말고사는 다를 수 있어. 지금부터 열심히 해 보자"라며 다시 도전하지.

셀리그먼의 낙관주의는 "무조건 하면 된다"라거나 "좌절하지 마! 넌 반드시 성공할 거야"라는 식의 맹신주의가 아니야. 역경과 좌절을 겪은 후에도 새로운 가능성에 주목해서 다시 일어나 도전하는 것을 의미하지. 그는 비관주의와 낙관주의를 비교하는 연구를 실시했어. 그 결과 비관주의자에 비해 낙관주의자는 공부에서 좋은 성적을 올리며, 직장에서도 성공할 확률이 높았다고 해. 운동선수의 경우엔 승리할 가능성이 높았고, 심지어 이런 사람들은 오래 살기도 했대.

셀리그먼은 낙관주의도 학습이 가능하다고 말해. 어린 시절에 실패를 경험했을 때 부모님이나 선생님처럼 주변의 권위 있

마틴 셀리그먼 _ 긍정심리학의 선구자

"괜찮아,
불안할 수 있어.
지금부터 다시
열심히 해 보자!"

는 어른들이 실패를 어떻게 해석해 주느냐에 따라 비관주의나 낙관주의를 학습하게 된다는 거지. 만약 어린 시절에 낙관주의를 학습하지 못했어도 걱정할 필요는 없어. 얼마든지 스스로 훈련할 수 있거든.

그러기 위해서는 자신의 언어 습관인 혼잣말을 살펴볼 필요가 있어. 만약 실패를 경험한 후에 자신도 모르게 "모든 것은 내 탓이야", "다른 일도 마찬가지일 거야", "난 늘 이럴걸"이라고 혼잣말하는 습관이 있다면 의도적으로라도 다르게 생각하고 말해 보는 연습이 필요해. "최선을 다했지만 어쩔 수 없었어", "다른 일은 다를 수 있어", "앞으로는 다를 수 있어"라고 말해 보는 거지.

셀리그먼이 도현이를 만난다면…

"부정의 감소보다 긍정의 촉진이 필요하다"는 긍정심리학의 주장은 꽤 매력적이야. 하지만 주의할 점이 있어. 긍정심리학은 부정을 부정하지도 않고, 일방적으로 긍정을 강요하지도 않는다는 거야. 우울하고 불안한 사람들에게 "우울과 불안에 초점을 맞추지 말고 감사를 회복해! 그러면 넌 반드시 행복해질 거야"라고 말하는 것은 과학적인 근거도 없고, 전혀 효과적이지 않아.

긍정심리학을 사람들에게 적용하기 위해서 꼭 전제되어야 할 것이 자발성이야. 실제로 셀리그먼은 학습된 무기력으로 우울감을 느끼는 사람을 직접 만나 상담하면서, 그들의 우울과 불안에 공감해 주었어. 그리고 상대가 그 우울과 불안에서 벗어나고 싶어서 도움을 요청할 때, 그들의 동의를 얻어 부정의 감소가 아닌 긍정의 촉진을 이끌어 냈지.

셀리그먼이 사용한 대표적인 방법은 낙관주의 학습이야. 이런 면에서 셀리그먼이 도현이를 만난다면 우선 계획과 결심, 게으름과 실패, 반성과 자책, 그리고 다시 계획과 결심이라는 악순환에 대해 충분히 이해하고 공감해 줄 거야. 그리고 도현이가 자신의 문제를 해결하고 싶다고 도움을 요청하면 낙관주의에 대해 설명을 해 주겠지.

실제로 도현이는 자신이 세운 계획을 제대로 실천하지 못했을 때 비관주의자들처럼 해석하고 있었어. 실패의 원인을 자신에게서 찾고('혹시나 했더니 역시나네. 너는 어떻게 그 모양이냐?', '그냥 다 포기해. 너 같은 인간은 살 가치가 없어'), 다른 영역에서도 실패할 거라고 생각하며('공부도 못하는 네가 앞으로 무슨 일을 잘할 수 있겠어', '지금부터 이러면 나중에 커서 뭐가 될래? 너는 인생 낙오자야'), 과거의 실패가 미래에도 지속될 것이라고 생각했지('고등학교 3년 내내 이러는 거 아니야?', '너는 한평생 이렇게 실패만 할 거야. 의지박약인 XX야!').

셀리그먼은 도현이에게 실패의 원인을 자신에게서 찾지 말라고 말해 줄 거야. 실패는 개인의 의지 때문만이 아니라 우리가 통제할 수 없는 여러 가지 변인, 즉 주변 환경, 사회구조적인 문제, 개인의 습관, 유전적 요인 등 때문에 발생할 수 있다는 걸 알려 주는 거지. 실패를 오로지 내 탓으로 돌리는 건 옳지 않아. 내가 아무리 노력하고 애써도 내가 통제할 수 없는 이유들 때문에 실패할 수 있으니까. 자책은 실패의 원인을 자기 자신에게서 찾는 거라서, 나 자신이 마음만 먹으면 문제를 해결할 수 있을 거라는 착각으로 이어질 수 있어. 게다가 실패를 반복할수록 자신의 존재 자체가 문제라는 생각이 들어 더 위축되기도 하고 말이야. 나에게서 문제를 찾기보다는 상황적인 면을 더 부각해서 보면, 다시 용기를 낼 수 있을 거야.

셀리그먼은 도현이에게 지금 실패했다고 다른 영역에서 실패할 거라는 생각도 잘못됐다는 걸 알려 줄 거야. 수학을 못하는 사람이 예체능 역시 못할 거라는 결론은 매우 비논리적이지 않아? 마찬가지로 한 영역에서의 실패가 다른 영역으로까지 확산될 거라는 생각도 매우 비현실적이고 비논리적이야.

그리고 마지막으로, 셀리그먼은 우리의 삶과 환경은 변하기 때문에 과거의 안 좋았던 경험이 동일하게 반복될 것 같다는 걱정 역시 아무런 근거가 없는 비합리적인 생각이라는 걸 도현이에게 알려 줄 거야.

자책과 자기 비난은 자신의 실패를 지적하기 때문에 지금의 문제가 해결(종결)되었다는 착각을 불러일으키기도 해. 하지만 해결해야 할 문제는 과거에 있지 않고 내 앞에, 즉 미래에 있어.

아직 문제가 해결된 게 아니기 때문에 다시 도전하고 앞으로 나아가야 해.

자책과 자기 비난은 변화를 일으키기 어려워. 하지만 도현이가 낙관주의 사고방식을 가지게 된다면 진짜 변화를 만들 가능성이 있어. 이런 연습을 반복하다 보면 도현이는 부정보다는 긍정에 초점을 맞추게 될 거야. 자신이 못 해낸 것보다 해낸 것에 집중하게 되면서 성취감과 자신감을 더 크게 느끼게 될 거고.

지금과는 전혀 다른, 진짜 변화를 원하니? 그렇다면 실패와 역경 앞에 굴하지 않고 다시 일어나서 도전하는 낙관주의자가 되길 바라. 부정의 감소만으로는 부족해. 긍정의 촉진이 필요하지. 지금부터 당장 긍정심리학의 주장에 귀를 기울여 보는 것도 좋은 방법일 거야.

개념 이해하기

- **학습된 무기력** 이전에 경험했던 무기력 때문에 새로운 상황에서도 문제를 해결하지 않으려는 태도
- **비현실적 낙관주의** 무조건 "잘될 거야"라고 말하는 무책임한 자세
- **낙관주의** 역경을 딛고 일어나 새로운 상황에 도전하는 것
- **비관주의** 과거의 실패가 앞으로도 계속 될 것이라고 생각하는 것

쓸모 있는 공부 02

세상에서 가장
쓸모 있는 심리학

내 마음이 왜 이런지 명쾌하게 이해하는 심리 수업

초판 1쇄 인쇄 2024년 7월 30일
초판 1쇄 발행 2024년 8월 7일

지은이 강현식
그린이 이혜원
펴낸이 홍석
이사 홍성우
인문편집부장 박월
편집 박주혜, 조준태
디자인 이혜원
마케팅 이송희, 김민경
제작 홍보람
관리 최우리, 정원경, 조영행

펴낸곳 도서출판 풀빛
등록 1979년 3월 6일 제2021-000055호
주소 07547 서울특별시 강서구 양천로 583 우림블루나인 A동 21층 2110호
전화 02-363-5995(영업), 02-364-0844(편집)
팩스 070-4275-0445
홈페이지 www.pulbit.co.kr
전자우편 inmun@pulbit.co.kr

ISBN 979-11-6172-934-3 44180
       979-11-6172-916-9 (세트)